そうだ！ヒグチさんに聞いてみよう

92歳に学ぶ老いを楽しく生きるコツ

樋口恵子

宝島社

はじめに

２０２４年は怒濤のような年でした。

この1年間で、対談、文庫化を含めて、たくさんの本を出したのです。91歳から92歳になった年なのに、なんて働いたのでしょう。

〈老いの当事者〉として、様々感じることを言葉にしてきました。人生１００年時代を実感する、ペースメーカーとしての役割を期待されてか、90代になろうという頃から、多くの出版社から執筆依頼をいただきました。

頼まれたら嫌とは言えない性格なので、一冊一冊、できるだけ切り口を変えて、読者の方に喜んでいただけるよう工夫しております。

中でも〈老いの実況中継〉が読者の方に、喜んでいただけたようです。90代前後に、わが身に起こったトホホなことや、ヨタヘロ（ヨタヨタ・ヘロヘロ）のこども含めて、包み隠さず実況しています。

「あら、樋口さんもそうなのね」とか「あと10年たったら、あんなことが起こるのか」と身近に感じていただけたようです。

私ばかりでなく、老いを語る人は増えています。

来る2025年には第一次ベビーブーム（1947〜1949年）に生まれた、いわゆる団塊の世代が75歳以上になります。約800万人いるとされるこの世代が75歳以上になると、国民の約5人に1人が後期高齢者、約3人に1人が65歳以上の高齢者という超高齢社会となるのです。

労働力となる世代は、少子化で人口が減少し、介護保険、生活保護などの社会保障制度の維持が危ぶまれています。さらに労働力不足が社会問題に拍車をかけます。

こういった老いの問題を語る人々が、増えていくのはうれしいかぎりです。今、私たちの世代が見ている風景は、世界の先陣を切って直面している風景です。勇気をもって老いの海に飛び込むファーストペンギンとして、多くの〈実況中継〉がなされることにより、老いの問題が顕在化し、その改善に向けて3600万人ともいわれる高齢者が声をあげていけば、よりよい超高齢社会が実現するのではないかと期待しています。

この本は、老いの入り口に立った世代から90代になっているわが同世代まで、日常的なお悩みから、社会の制度をいかにうまく利用できるかまで、私なりにご相談に乗るというスタイルで編集されています。

できるだけ具体的に、お悩みが解決できるように答えたつもりです。特に介護問題については、介護保険法制定に多少は貢献したという自負から、大いにこの制度を活用していただきたいと、詳しく紹介したつもりです。

この本の刊行にあたっては、編集工房　球の針谷順子さんにたいへんお世話になりました。この場を借りてお礼を申し上げます。また、私の助手を務めてくれている佐藤千里さん、河野澄子さんの叱咤激励の嵐がなければ、この本は出来上がりませんでした。大いに感謝しています。

この本を読んで、あなたが少しでも上機嫌で毎日を送れる一助となるなら、たいへんうれしく思います。

樋口恵子

第2章 おうちを楽しく

第3章 家族といい感じで暮らす

第5章 病気もケガも受け入れて

第6章 上手に介護を受け入れよう

第7章 考えておかなきゃ、葬儀とお墓

第1章

ヨタヘロでも、つながりたいんです

Q 1

80代です。膝が悪くて外出が困難です。でも、人や社会とつながりたいんです。一人でこもるのは性に合いません。

補助器具を使って体の機能を助けては？

私も歩くことには悩まされています。痛みはつらいですよね。あなたのご相談では、外出できるようにするのが一番の特効薬と思います。

つえをついての外歩きはダメですか？　ゆっくりノロノロでいいじゃないですか。外であなたの姿を見かけた方が、声をかけてくれるかもしれません。そこからつながりが生まれることでしょう。

お住まいの地域の公民館などでは、お年寄りのための茶話会をやっている所も増えています。つえに頼ってでも、散歩や外出は気分が変わって楽しいものです。サポートしてくれる誰かがいれば、もっと安心です。まずは、靴を履くことからはじめては、いかがでしょう。靴を履くだけでも、意識は変わるといいます。毎日少しずつ長い距離を歩けるよう積み重ねてください。

地域に「コミュニティ・カフェ」があれば、そこにも行ってみましょう。

家族のサポートが受けられる方は、一緒に歩いてもらいましょう。

おひとり様でつえが不安ならば、電動も含め車いすを足代わりにするというのもいいかもしれません。

車いすの暴走族なんて記事も新聞に載っていました。お気をつけください。

つえや車いすの助けを借りれば、人と接する機会や行動範囲が広がります。

最新の機器を使って

外に出ると危険な目に遭いそう、とっさに避けられない、どうにも体がつらくて出歩くのは無理と思っていらっしゃるのかもしれません。

そういう方は、室内でも親しい方とスマートフォンやコンピュータのメールでつながることも考えましょう。

私自身は、デジタル機器はあまり使えないのですが、私が理事を務める「NPO法人高齢社会をよくする女性の会」では、コロナ禍での外出自粛の中、集まることができなくなってしまいました。ここでICT（Information and Communication Technology）技術の登場です。デジタル技術により、人と人をつなげようとの様々な手段が出てきました。

デジタルに詳しいメンバーのおかげで、Zoomを使うことができるようになったのです。パソコンの画面で、お互いの顔を見ながらミーティングが行えました。便利になったものです。私もデジタル宣言をするのですが、なかなかうまくはいっていません。

昭和のやり方でも

もう新しいことは覚えたくない！　デジタルなんてとんでもない!!　という方もいらっしゃるでしょう。

昔ながらのやり方だって楽しめます。たとえば長電話。私のお友達には、「樋口さん、電話で話してもいい？」と断って、週1回ほど電話をかけてくる方がいます。乙女の頃の長電話を思い出し、楽しいひと時です。

これも耳が聞こえづらくなってきたので、電話は無理そうだわ、という方もいらっしゃるかもしれません。

私は90歳を過ぎて耳が衰えてきて、大事な会話のときは補聴器を使います。でも、目は大丈夫で、寝転がって本を読むときなど眼鏡なしでも問題ありません。ですので、お手紙のコミュニケーションも楽しんでいます。

絵手紙をくださる方もいらっしゃるんです。絵心のある方で、いただくと心豊かになります。

俳句をひねったり、映画や読書の感想を送りあったり、趣味が合う人と、手紙の交換をするというのも脳によさそうですね。

使える機能はどんどん使いましょう

老いには歴史があるのです。過去の趣味や、関心事で、どのような形でも人と触れ合うことがよいでしょう。

目が弱い人は、当たり前に眼鏡をかけますよね。見ることを補助してくれます。あまりに見慣れているので、抵抗が少ないのだと思います。

だったら、耳が悪ければ補聴器を使いましょう。社会の中で見かけないので、老いの象徴のようで皆さん敬遠されます。また、技術が発展途上で心地よくつけられないということもあるかもしれません。

でも、人生100年時代には必要とする人が増えているので、技術も進歩しています。一度嫌だと思った方も、試みてはいかがでしょう。

あなたにできることは何か。目かな、耳かな、脚かなと考えてみれば、得意なことはあるものです。

補助器具も上手に使って、友達とつながっていましょう。

Q2 食事を一人で摂るとき、寂しいなあと感じます。心なしか、食べる量が減ってきている気もします。ネガティブになってしまうときはどうしましょう？

誰かと食べると食事は楽しい

そうですね。大勢で、あるいは誰かと一緒にご飯を食べるのは楽しいですし、何より食欲がわきます。

皆さんで、ワイワイ、ガヤガヤ話しながら、時にはお酒を飲みながら、考えただけで心が浮き立ちます。

かつては、会社の同僚、子育て中、パートナーが元気だった頃と、一緒に食事をする人がたくさんいました。でも、だんだん一人で食事をすることが増えてきました。人生のステージですね。相談者さんも年齢を重ねて個食になったのでしょう。

寂しいと感じるのは当然です。決してネガティブになっているわけではないですよ。

食事は体を作ります。「あなたの体は、あなたの食べるものでできている」というテレビコマーシャルもありました。

低栄養状態の人が増えている

私は、80歳を過ぎた頃、貧血になってしまいました。料理好きだったのに、だんだん作るのが億劫になってしまい、冷蔵庫にあるものを適当に食べて終わりにしてしまっていたのです。

一人で食べることになると、食事作りに意欲がわきません。そんな生活を続けていたら体調不良になり、どこか悪いのかもしれないと病院で検査したところ、低栄養状態になっていたのです。自分の体形から考えて、栄養不足とは思ってもみずビックリしました。

ハッと思って調べてみたら、65歳以上の男性の約8人に1人、女性の約5人に1人が低栄養状態にあることがわかりました（厚生労働省「国民健康・栄養調査令和4年版」）。

この数字を見ると、男性のほうがいいように見えますが、85歳以上の統計を見ますと、実に4人に1人以上が低栄養状態です。倍増したのは、連れ合いの女性が食事を作っていた頃と比べて、死別などで個食になってしまったことによるのだとみています。

食欲がなくなってしまった

この時は、できるだけ食べるようにして回復しましたが、90歳を過ぎた頃、まったく食欲がなくなってしまいました。

食べないと脳に栄養が行かないので気力もわきません。生命体としての力が弱ってしまったのかしらと、一時は諦めに近い気持ちになってしまったのです。

でも、しばらくしたら、食欲も回復してきて今も楽しい92歳です。

食べることに意欲を取り戻したのは、やはり、誰かと食べる食事でした。週2回、助手2人が家に来て食事をともにします。「もっと食べないと元気出ないわよ」とか、うるさく言ってくれて、少しでも食べることを続けてきたら、徐々に戻ってきたのです。

一人でも誰かと一緒に食べているイメージをもつ

私は、週に1回配食サービスを利用します。ある日、たまたま知り合いのお母様も、同じサービスを利用していると聞きました。

それからは食事をするとき、同じメニューをあの方も食べているんだなあと想像したりしています。

なんだか一緒に食事をしているような感覚がもてて楽しくなります。毎週金曜日が待ち遠しくなっています。

まだ、外出が可能なら、地域に増えている子ども食堂で、子どもだけでなく、いろいろな年齢の人、特に高齢者の参加を可能にしている所もあります。

また、介護保険の認定が取れれば、要支援でも介護予防の体操などに参加でき、その後のおしゃべり、食事などにもつながります。

デイサービスやショートステイが使えるようなら、施設で皆と一緒に食事ができます。共食はお互いの距離を縮めるともいわれます。

それまではまったく知らない人でも、気の合う人と出会い、一緒にご飯を食べることで、仲良くなれるかもしれません。

しょっちゅう外で会わなくとも、電話で話すとか、楽しい時間が過ごせるかもしれません。

ネガティブにならずに、地域のサービスを調べてみてください。

国も2025年を目標に、地域包括ケアシステムを作り、皆さんが尊厳を保った生活を、住み慣れた街で送れるように支援体制の構築を進めています。

Q3

歳をとっても社会とつながっていたいのです。何をどうしましょう？

情報通になろう

まずは一人でできることからはじめましょう。毎日、新聞を読んでいると、同時代に何が起きていて、どこに問題があるかがわかります。社会とつながるには、最適な方法です。

隅から隅まで読む必要はないと思います。大きな見出しだけを拾い読みする。見出しの下に記事内容をまとめたリードがありますので、余裕があれば、そこまで読みましょう。これをしばらく続ければ、社会がどうなっているかわかってきます。

社会の情報を入手する方法は、新聞だけともかぎりません。テレビの情報番組でもいいかもしれません。

私はまったくやりませんが、デジタルに強い方なら、インターネットのニュース情報でもいいかもしれません。

よく見ている友人によると他のメディアより情報が早いですし、SNSに参加すれば、興味ある情報にたどりつき、さらに掘り下げたことがわかるということです。

人とつながりましょう

人との会話で最も当たり障りのない話題はお天気だといわれます。「いいお天気ですね」と、それほど親しくはない方からでも声をかけていただくと心が和みます。

でも、挨拶程度で相手の方との距離は縮まりません。話を膨らませるのに、社会に関する話題は使えます。いろいろな分野の話題がありますが、新聞を読んで仕入れた知識はここで役に立ちます。いろいろ話を膨らませていくと、この人とは気が合いそうとわかってくると思います。

気が合う人と趣味でつながるのもよいですね。私はお相撲を見ることが好きでした。6歳の頃から兄と相撲を取っていたので、実践もしていたのです。

高校生の時に初代若乃花のファンになりました。小学校、高校と同級生だった親友の推しは栃錦でした。

世は栃若時代、お相撲黄金期です。私は、ただの一度もファンレターを書きませんでしたが、彼女は、栃錦が負けたときなど励ましのお手紙を書いていたようです。

そんな彼女との楽しい思い出があります。

1959（昭和34）年暮れに私は娘を出産したのですが、年が明けて彼女が見舞いに来てくれました。そして初場所のチケットを持ってきてくれたのです。翌日か翌々日のものでした。

私は即座に「行く行く」と叫び、産後1カ月に満たない娘を母に預けて、二人で相撲観戦に出かけたのでした。

生まれたばかりの子どもをあぜんとして預かった母親ですが、私が若乃花ファンと知っていたので何も言いませんでした。

その親友はすでに亡くなりました。オペラの観劇で趣味をご一緒した方も、足が悪くなって出かけられなくなりました。

私も一人で行くまではいたらず、現在は、オペラはご無沙汰で、お相撲もテレビ観戦しています。

グループに入って社会参加する

友人と一緒に何かをするのも楽しく社会参加する方法ですが、会えなくなる危険は歳をとるごとに大きくなっていきます。

それで、お勧めはグループに入ることです。個人の生き死にや状況に関わりなく続いていくからです。

最近は、地域の老人会で旅行に行ったりするようです。これも一つの参加の仕方ですが、社会問題に詳しいようでしたら、社会に声をあげる様々なグループや団体が存在します。

最近は、どのグループもZoomを活用して、会場に出かけなくても参加できるようにしています。遠隔地に住んでいる方や、足腰が悪くて外出できない方に便利ですね。

高齢社会をよくする女性の会

そんな中の一つが、私が創立に関わり、長く理事長を務めた「高齢社会をよくする女性の会」（WABAS）です。

1972年に有吉佐和子さんが『恍惚の人』を刊行して、認知症老人問題が社会に可視化されました。

70年代から80年代にかけて、政府は老人問題＝介護問題を、日本古来の家制度の中で家族に担わせようとしました。すでに欧米では、社会的介護にシフトしていたにもかかわらずです。

家族に担わせるといっても、結局は一番弱い立場の嫁が介護を担う形になっていました。政府はこれをよしとして、「優良嫁表彰」という制度が多くの自治体に広がりました。日本には家制度の歴史があり、嫁で乗り切れると思ったのでしょう。

1978年の厚生白書に「同居という、我が国のいわば『福祉における含み資産』」と明記されています。大物政治家の鶴の一声で、そうなったといわれています。

これに怒ったのが若き日の樋口恵子をはじめとする女性たちでした。

時事通信社、学習研究社、キヤノンでのサラリーマン生活を経て、フリーランスとしての活動をはじめた頃でした。介護が嫌だというわけではなく、嫁に全面的に担わせるのはちょっと変じゃない？　と思いを共有する仲間が集い、だんだん大きな輪ができました。

1983年に「豊かな老いを全うできる社会の創造を」と掲げて、高齢社会をよくする女性の会を創立しました。

この会の目的は、女性の自立と豊かな老いが両立する新たな高齢社会を創造することです。

この輪は大きく広がり、最盛期は個人会員約1000人超、グループ会員約90団体と大きな輪になってきました。（現在は個人会員約500人、グループ会員約40団体）

この会では、女性たちの視点でおかしいと思ったことを政府に提言してきました。1997年に公布、2000年4月から施行された介護保険法は、こうした女性たちの声が行政に届いた結果と自負しています。

様々な活動をしているグループがあると思います。お試し参加は歓迎されますので、いろいろのぞいて、ご自身の思いに近い会に参加してみてはいかがですか。

Q4

コロナがはやって、感染すると大変なことになると、週1くらいで集まって、ワイワイ、ランチを食べていた友だちとも会えなくなりました。60代後半だったのですが、自粛モードで未だに大勢の人が騒いでいるところには集まれません。ようやく国の外出自粛は言われなくなったものの、実は、変異株により、まだまだコロナははやっているようです。気をつけているうちに、70歳を超えて、前のようには盛り上がれないと思うと悲しいです。

コロナ禍で変わったもの

コロナ禍は、本当にいろいろなことを変えました。相談者さんのようにグループで楽しんでいたことができなくなってしまった方は多いと思います。特にカラオケを楽しんでいた方々は、どうしてもマスクを外して歌うので、感染を恐れて、自粛となったグループもたくさんあるでしょう。

せっかく趣味が合うお友だちがいるのに残念なことです。

食事をともにするにも、一時は、マスクを外して一口食べ、すぐにマスクをかけるなど、おいしいものも、おいしく感じられませんでした。

口角泡を飛ばす議論なんてもってのほか、なんて静かな日々だったのでしょう。

スマホの出番です

私自身は、お友だちとは顔を見て話すほうが好きですが、スマホの契約（料金プラン）を「かけ放題」にしておけば、電話をいくらかけても一定額以上にはなりません。電話代を気にせず長話ができるのです。

周囲に話を聞いたところ、スマホにＬＩＮＥというアプリを入れると、ＬＩＮＥ電話は、無料でかけ放題だそうです。

また、お友だちとグループを作って顔を写しながら、ビデオ通話できる機能もあるそうです。これなら感染の恐れもなく、仲間の方々とお話しできますよ。

文字の打ち込みがもどかしいと思う方もいらっしゃるでしょう。これなら顔を見ながら何人かのお友だちと一緒に話すこともできます。しかも無料です。手元にお茶や、お酒、食べ物なんかも置いて、まるで居酒屋や喫茶店にいるように楽しめる便利なツールとのことです。

相談者さんはお若いので、こういった楽しみ方もできるのではないでしょうか。なんといっても電話代がかからないのは魅力ですよね。LINEアプリを入れるのも無料です。

LINEに入ったり、グループを作ったりは、お仲間のうち、どなたかの関係者にやっていただきましょう。

シニアのためのスマホも

スマホは高いし、難しいし、字も小さいから苦手、という人も多く知っています。この本を書くにあたって、読者に少しでもお役に立てればと、調べてもらいました。

「らくらくホン」という機種はあまり多くのことはできませんが、電話とLINE、メールができればそれで十分という方には向いているかもしれません。このほかにも、格安のスマホがたくさん用意されています。

文字は大きく、ホーム画面はシンプルでわかりやすいようです。

一般のスマートフォンは、できる機能がいっぱいありますが、たぶん使わないものが多いと思います。

ICTが進歩すると、使わない機能にも料金を払っているのでもったいないのです。

シニア向けのものは、価格の安いものも多いようです。中古なら1万円を切る機種もありました。お手軽にはじめようという人は、まずはショップに行ってみてはどうでしょう。

カメラ、動画、ゲームなど、ご自分の楽しみたいことを話して相談すると、丁寧に説明してくれます。

Q 5

90歳になりました。80代後半くらいから、近しい人が次から次に亡くなり落ち込んでいます。つい先日、幼馴染でとても仲がよかった友だちが亡くなり、寂しさのあまり生きる気力さえ失いそうな今日この頃です。

お別れの形も変わった

私も友人をたくさん見送りました。

相撲を一緒に見に行っていた友人、オペラを一緒に見に行っていた友人、一緒に社会問題に取り組んできた仲間と、本当に多くの大切な方々を見送りました。

同世代の友人とは、あまりうれしくはありませんが、誰かのお葬式で顔を合わせることも多かったものです。残った友人同士、生存を歓び、励ましあって気力を取り戻すこともできたのですが、コロナ禍の頃から、お葬式に多くの人が集まることもなくなりました。最後のお別れも、遠くから一人でお祈りするだけになってしまいました。

お友だちとは、亡くなる直前にもお会いになりましたか? これ以降は、会いたいと思った人とは、なるべく連絡を取って会いに行きましょう。

また、「私にはまだやることがある」と一つ一つ数えてみましょう。まだまだやることがあると、生きる気力がわいてきます。

赤松良子さんの訃報

つい最近、敬愛する赤松良子さんが亡くなりました。「男女雇用機会均等法の生みの親」といわれた方です。94歳という年齢を考えれば、心の準備はしておくべきでしたが、亡くなる直前には、代表をしておられる女性議員を増やすための会の例会に出席され、その後、大いに食べ、飲み、お元気だったと聞いていて安心していました。

私が体調を崩していて、しばらくお目にかかっていなかったため、体調が回復したので、お食事でもというハガキを出しましたら、とても喜んでくださったと聞きました。
それも実現せず逝ってしまわれたと聞き、しばし呆然としました。

60年来のお付き合い

私が赤松さんと初めて会ったのは、1962年のことでした。新聞で「婦人問題懇話会」（のちの日本婦人問題懇話会）の発足式の記事を読み、30代の私は「これだ！」と思い参加しました。著名な婦人運動家が多く参加され、当時、労働省におられた赤松さんも参加されていました。結婚後も仕事を続ける女性は、まだまだ少数だった時代です。

女性たちが手を携えて「社会を変えなければいけない」という熱意をもって、それぞれの場で活躍することになりました。

先輩として鍛えてくださった

赤松さんは大学の先輩でもありました。後輩である私に「おい、ヒグチ！」と命令口調で指令が飛びます。

婦人問題懇話会の会報に原稿を書く指令もあり、それが私を鍛え、評論家への道を開いてくださいました。

１９７９年に国連公使としてニューヨークに勤務されていた当時、国連本部では「女性差別撤廃条約」の討議が進められていました。赤松さんは、日本政府が条例への署名をするよう尽力され、これがかなって、やがて「男女雇用機会均等法」の成立につながっていきます。

この後、文部大臣など要職を歴任され、一貫して女性の地位向上のために行動されてきました。

私も目指すところは同じで、敬愛する先輩であり同志でもありました。

人間関係は何より大切

「私の葬儀委員長をやって」と言われたこともあります。先輩とはいえ元気はつらつな方だったので、どちらが先かな、と思ったことがあるくらい。悲しみは深いけれど、「偲ぶ会でお話しする」など、私には赤松さんのためにすることがある、頑張っていかなければと、生への意欲をかきたてました。

人間関係は人間にとって何より大切なものです。

相談者さんも、お亡くなりになったご友人とは、きっと深い気持ちでお付き合いされていたのだと思います。そのくらい他者を思いやれる気持ちは、相談者さんの優しさのなせる業です。素晴らしい人との接し方ができる方なのですから、人間関係を大切にしてください。

「会いたい人リスト」をノートに書いて、できるだけ会いましょう。

まだまだ、新しい人間関係も生まれるかもしれません。いくつになっても可能です。

コラム

ジジババ食堂

今、こども食堂が地域に広がっています。2023年度に9000カ所を超え、まだまだ増加中です。無料または安価で食べ物を提供し、子どもの貧困問題にも対応していますが、何より、人が集うことにより、つながりが深まっていくという利点があります。

中には地域のお年寄りも交えて、みんなで一緒に食事し、多世代で交流しましょうという機運が盛り上がっている所もあります。ジジババを交えた食堂は、地域に少しずつ増えています。一人でご飯を食べるより、みんなで一緒に食べたいと思う方は多いのでしょう。

私は、かつてコミュニティ・カフェを提案し、地域のお年寄りや認知症の方々も散歩の途中で気軽に立ち寄れる場所を作ることを提案しました。

少しでも人と触れ合う機会が増えれば、笑顔あふれる地域づくりが可能になると考えたのです。順調に増えていくように思っていたのですが、コロナに直撃されました。

感染すると命に関わる世代は、ステイホームが強調され、散歩も外出もできなくなってしまったのです。

徐々にコロナの恐怖が喧伝されることがなくなり、街の人流も回復しつつありますが、コロナは完全に終息していませんし、新たな感染症も流行し、シニアもおそるおそるでしか外に出られません。

コロナの最中に閉店したお店も多いようです。ＮＰＯ法人などが、現在も頑張ってくれています。

認知症カフェを含めて、まだまだ箇所数は少ない状況です。

こども食堂は、子どもたちのほうがコロナによる外出抑制から、かなり早くに日常を回復したので活況を呈しています。

ここにシニアも参加して、こども食堂&ジジババ食堂として、運営していただければ、明るい街づくりにつながるかなと期待しているところです。

助成金やコンビニ、スーパーの応援金など資金援助が受けられる場合もあります。こども食堂の開設講座も開かれていますので、関心のある方は、ぜひ参加してみてください。

コンビニ、スーパーには募金箱も設置されています。皆でこの機運を盛り上げていけたらと思っています。

第2章

おうちを楽しく

Q 6

ヨタヘロ期ですが、寝室とリビングを上手に行き来し、あらゆるところに手すりを付けるなどして、足腰が弱ってもおうちの中を快適に動きたいと思います。気をつけることを教えてください。

どこでも寝転がれるように

年齢を重ねると、動きはどんどんゆっくりになり、足元もおぼつかなくなります。また、気力も衰え、様々なことが億劫になってきます。

安心して住める家になるよう、おうちの中を様々工夫しましょう。

私の場合、書斎と寝室を同じ部屋に設けて「寝室で仕事してもいいじゃない」と工夫しました。体調の悪いときでも、ベッドのそばに書斎があれば、すぐに仕事ができます。

疲れたら、すぐに横にもなれます。今でもベッドに寝っ転がって本を読むのが至福の時間です。新刊から昔読んだ本の再読まで、コロナもありましたから多くの本が読めました。

真面目な人はお行儀が悪いと嫌がりますけど、老いの体で楽しく暮らす空間を作ることはとても大切です。

洋服は見えるところに

洋服は季節の服をベッド脇にかけています。お出かけのときは、さっと選べて時間を短縮できます。季節以外の服や小物はクローゼットの中にしまいます。なるべくパジャマのままでいないように、朝起きたら服に着替えるようにしています。

気分が変わって、「今日も頑張ろう」という気持ちになれるのです。

手すりは頼りになる味方

家を建て直したときに階段、トイレ、浴室には手すりを付けました。

実は75歳の時、新幹線に乗る前にと、京都駅でトイレに行ったのですが、たまたま和式だったのです。体力には自信があって何の不安もなかったのですが、用を済ませたあと、立ち上がれなくなってしまったんです。

考えてもいなかったのですが、気づかないうちに体は老いていたのです。〈老いるショック〉と造語したのは、みうらじゅんさん。まさにこの瞬間でした。その時は様々工夫して、何とか事なきを得たのですが、つかまる手すりがあったら、どんなにか、よかっただろうと、「すべての公共トイレに手すりを」と説いて回ったりしました。

手すりがあれば、いろいろ楽です。何より、つかまって歩いたとしても自分の足で歩けるので健康にもいいのです。家の中を歩くのは、外を歩くよりずっと楽ですし。

でも、気をつけて手すりを付けたつもりでしたが、実際には足りていないことがわかり、介護保険を使って寝室やリビング、玄関先にも手すりを付けました。

私の誇りは、仲間とともに介護保険制度設立に多少なりとも貢献できたことです。せっかく作ったのですから、私も使わせていただきました。

もっとしっかりとした工事で手すりを付けたり、バリアフリーにしたいときは、住宅改修費を支給する制度があります。お住まいの自治体によって、支給額は異なります。20万円くらいを上限として支給され、そのうち1割から3割は自己負担になります。

こういったこともケアマネジャーさんやリフォーム業者さんに相談してみてください。

お風呂場も一工夫

お風呂は体を清潔にしているためにも、億劫でなく入れるようにしたいです。湯船は半埋め込み式にして、またぐのが楽なようにしています。もちろんここにも手すりは必然です。

また、洗濯物は風呂場に干せるようにしておけば、動線が短くて済みます。雨戸は電動式にして、ヨッコラショと力を入れなくても、スイッチ一つで上げ下ろしができるので、災害や防犯にも役立ちます。

ほかにも、同居の娘が庭いじりが好きで、花を育てているので、花をめでる機会にも恵まれます。花をめでると香りをかぐこともでき、嗅覚を衰えさせないのに役立ちます。お庭、バルコニーなどに花があれば、ボケ防止になるかもしれません。

相談者さんもご自分の好きなものに囲まれ、好きなように暮らせる空間をぜひ作ってみてください。

Q7

80代になりましたが、家の中をリフォームしようか迷っています。無駄になるかもしれませんし……。

居心地のよい終の棲家を

まあ、無駄になるなんてとんでもない！　相談者さんがリフォームを考えるのは、知力も気力も、まだまだ衰えていない証拠です。

年を重ねれば重ねるほど、快適に暮らせる空間が生活を楽しくします。足腰がヨタヘロしはじめたときのため、段差をなるべくなくし、手すりもたくさん付け、お風呂は半埋め込みの湯船にしましょう。

どこにいても無理なく、やりたいことができる、高齢者にはそういう空間が必要です。

私も84歳で、築30年の木造家屋を鉄骨造りに建て替えました。

高齢者施設入居用にお金を貯めていたのですが、娘が同居していることで決心しました。今の家は気密性も高く、冬は暖かく、夏は涼しい、それだけでも快適です。

手元のお金がなくなって気持ちが沈みましたが、子と同居すると相続税が軽減されるとわかり、気分も上がりました。

介護保険を大いに活用

これまでお話ししたように住宅改修にも介護保険が使えます。まずは介護認定を受けてください。

介護予防のために身体機能を支える、などの改修理由を書いた申請書を出して、工事が終了したところで、かかった費用の領収書を提出すると、住宅改修費の90%相当（所得によります）が償還されます。自治体によって違いますが、上限額は20万円くらいです。

介護保険が使える住宅改修の種類は以下です。

①手すりの取付け
②段差の解消
③滑りの防止及び移動の円滑化等のための床又は通路面の材料の変更
④引き戸等への扉の取替え
⑤洋式便器等への便器の取替え
⑥その他前各号の住宅改修に付帯して必要となる住宅改修

（厚生労働省ホームページより）

こういった様々なシーンで利用できます。
ただし、介護保険が利用できるのは原則的に1人1回のみです。

もったいないなんてありません

こうしてバリアフリー・リフォームをしておけば、相談者さんが介護の必要を感じたときは、介護をしてくれる人の仕事も少しは楽になります。手すりにつかまって家の中を動いて必要なことができるなら、介護保険の他のサービスと組み合わせて、自立して生活することもできます。

もし、どなたかが同居されたり、相談者さんに、もしものことがあったあと、その家に住む人にも優しい空間を提供できるとお考えください。

私は個人のお宅だけではなく街全体にも、高齢者に優しく居心地のよい空間を広げてほしいと思っています。

２０４０年問題

このところ、２０４０年問題というのがよく語られます。

２０４０年頃に団塊ジュニア世代層（１９７１年～74年生まれ）が65歳を超え、

全人口に占める65歳以上の高齢者の割合が約35％に達すると予測されているのです。

当初、国は人口ピラミッドの突出した世代、つまり団塊の世代（1947〜49年生まれ）が90歳を超え、徐々に退場していくことにより、人口に占める高齢者の割合が減少すると考えていたようです。

だから、街を高齢者用に変えていく必要はない、それこそもったいないと考えたのではないでしょうか。

でも、人生100年時代がやって来て、団塊の世代の退場は2050年くらいまで先送りになりました。

おまけに少子化です。母集団がどんどん減っていきます。2060年には、高齢者率は38％に上がると予測されています。

2060年の総人口予測は、約8600万人と9000万人を割ると予測されています（内閣府「平成25年版高齢社会白書」）。2023年の総人口から、約3

000万人も減ってしまうのです。

高齢化率が上がるに従い、現在の医療、介護、年金などの社会保障制度を維持するのが難しくなります。

働き手が減ると税収が減り、行政サービスを維持するのが大変になるのです。

厚生労働省はこれを見越して「2040年を展望した社会保障・働き方改革について」という政策を掲げて、社会保障サービスの低下を防ぐべく取り組んでいます。

その先も見越して、街並み改革にも目を向けてもらいたいものです。この予算は決してもったいなくはありません。

3人に1人が高齢者の時代、高齢者に働いてもらわなければ、経済が回らなくなります。

高齢者は最も期待できる消費者でもあります。

外出時も快適な空間にいられるよう、ぜひ街並みにも目を向けてください。

Q 8

70代になりました。できるだけ健康で、人生100年時代を生き抜くために、毎日の運動を心がけようと思っています。具体的にどうすればよいでしょう？

かかとトントン体操

健康でいるための基本は食事、運動、睡眠です。

食事は前のほうの質問でも触れましたので、ここでは運動のことをお答えします。

私はお医者さんからの勧めで、80代後半から、かかとトントン体操をやるようにしています。骨密度を上げる最良の策だそうです。

かかとを持ち上げて落とすことで刺激すると、骨を強化する骨芽細胞が活性化するといわれています。

70代とのことでお元気だと思いますが、気づかないうちに骨粗しょう症が進んでいる場合があります。転んだりすると骨折してしまう可能性が大きくなるのです。これは嫌ですよね。

この体操は簡単ですし、骨粗しょう症の予防にもなりますので、ぜひやってみてください。

①まっすぐに立って、つま先立ちになる

足を揃えて立ち、手は自然にたらす。目線は前へ。かかとを上げてつま先立ちになる。（不安定なら足を肩幅に開く）

②ストンとかかとを落とす

足の力を抜き、かかとをストンと地面に落とす。刺激を与えたら、背伸びをするように①の姿勢に戻る。

①②を朝晩10回ずつやってみてください。ヨタヘロ期になったら、壁や椅子に

手を添えて安定を図ってからやってください。

続けることが大切

ただ運動は、続けることが難しいのです。私も、ともすればサボりがちになっています。

92歳になって家の中でも転びますが、一生懸命かかとをトントンしていた頃の貯金があるのか、骨折しないで済んでいます。

骨折すると寝たきりになるリスクが高まりますので、高齢者は骨密度を高めることが重要です。

また、筋トレも取り入れられればよいと思います。何歳になっても筋力はアップするという研究があります。

１kgくらいの軽いダンベルを持ち上げるとか、これでも重ければ５００㎖のペットボトルに水を入れたものがちょうど５００gになりますので、これを持ち上げても筋肉がつきます。

「筋肉は裏切らない」なんて言葉もあるじゃないですか。

私もパーソナルトレーナーに月2回ほど、ストレッチやマッサージをお願いしています。

その時にスクワットや腿上げなどの筋トレをやらされています。

腹筋を鍛えると転ばぬ先のつえになるそうですが、腹筋を続けるのは難しいと聞きます。

仰向けに寝て、息を吸いお腹を膨らませる、息を吐きお腹をへこませるだけでも、多少は腹筋に効くようですのでやってみてください。

シルバービジネスに乗ってみる手もあります

すでに、日本で一番人口の多い団塊の世代が、後期高齢者になりつつある昨今、この世代を対象にしたシルバービジネスも盛況です。

ジムといえば若い人のもの、という考えは変わってきています。近年はジム通いの高齢者もたくさんいらっしゃいます。

また、ジムは会費が高くてと考える方は、自治体が体育館に機器を置いて、居住者に安く使ってもらうように奨励している所も多いので探してみてください。一定の年齢を超えると無料で提供してくれる所もあるのです。

ジムで汗を流し、プールで水中ウォーキングして、お風呂にも入れて、無料か、数百円払って気持ちよく帰れる。探せば、公共団体がスポーツ施設を提供しているところがあります。まだお若いあなたは、ヨタヘロ期に入る前に体を鍛えることができます。

ただし、やりすぎると痛みを抱えることになりかねません。

つらくなるほどやるのは、かえってケガのもとです。ほどほどがいいかもしれません。

私自身は昔から文学少女でしたし、幼い頃体が弱かったので、あまりスポーツとは縁がありません。80代まで講演や大学の講義などで、外に出ることが多かったので大いに歩きました。それと声を大きく出す機会が多く、知らず知らず呼吸機能が鍛えられていたのでしょう。これが今の健康につながっているのかもしれません。

大きな声を出すという点で、カラオケもスポーツといえるかもしれません。中国では、公園でシニアが太極拳を皆でやっている映像を見たことがあります。一人でやる運動ばかりでなく、コミュニケーションしながらの運動も考えてみてください。

Q9 70代後半です。先日家の中で転び、軽い打撲を負いました。この先、また転ぶと骨折して寝たきりになるかもしれません。転ばぬ先のつえは？

女性の体は75歳が変わり目と

70代後半で転んで軽い打撲で済んだのなら、まだまだ骨はお丈夫なんですね。このくらいの年齢になると、骨粗しょう症も気になるところです。

皆さん、寝たきりリスクの高い大腿骨の骨折を心配されますが、転んで腕や手を骨折する方も多いようです。寝たきりになることはないですが、日常生活が不便ですよね。

私自身の経験でいうと、75歳が体が変わる節目だったような気がします。それ以来、お医者さんのお世話になることが増えました。

それまでは、仕事も遊びも目いっぱい楽しんでいましたけれど。

でも、体を甘やかしたりせずに頑張ってきました。周りを見ると75歳を境に衰えを感じて、外出などを控えたりして、行動の範囲を狭めてしまった方のほうが急速に元気をなくしたような気がします。

大事にしすぎるのも考え物です。たとえ骨折したとしても、現代はリハビリ技術も発達しているので必ず元に戻れます。栄養と休養を十分とって、無理のない範囲で運動すれば、骨粗しょう症とも付き合いながらケガのない生活が送れます。

次の節目は85歳

85歳になったら、これも経験ですが、体が変わったと実感することがあります。無理をするとかなり疲れるのです。どこまでなら多少無理をしても大丈夫か、あんばいがわかりませんでした。

無理すると、あとでガクっとくるので、自分なりのペースをつかむのが大変でした。

私は80歳目前の頃にご近所の紹介で、月に2回パーソナル・トレーナーさんに家に来てもらうようにしました。簡単な筋トレとストレッチですが、おかげで転んでも骨折はしていません。

食が細くなってきてからは、知り合いのお医者さんの勧めで、タンパク質が摂れるゼリーを食べるようになりました。サプリメントなどの力を借りても元気でいたいものです。

体だけでなく気持ちも若く

相談者さんは、まだまだ70代。92歳、老いの先輩として、私の経験を書かせていただいています。この道の先には何が待っているかを心覚えしておくと怖くないと思います。

「やることがある」「やることを作る」というのが、健康に生きる秘訣と思っています。

趣味、習い事、ボランティア、何でもよいのです。何かに夢中になっていると、小さな痛みや不調は忘れます。

気持ちを若く保ちましょう。気持ちが老け込まないためには、好奇心、向上心が大事です。

そしてご機嫌力！

いつもご機嫌笑顔でいると、人も寄ってきます。仲間とワイワイやるのも若さを保つ秘訣かもしれません。

転んでも寝たきりになるとはかぎりません

90代になると、立っているだけで転びます。

今はだいぶヨタヘロになって、危なっかしい歩き方しかできなくなっています。ですから、外出する際は誰かに支えてもらっています。これが私の転ばぬ先のつえですかねえ。

足は本当に大事です。足腰が弱ると、外出が億劫になります。そうすると気持ちも内にこもりがちになります。これはよくない。

先日も家の中で転んで、膝を打撲しました。何かにつまずいたというわけでもないのに。

婦人解放運動家で衆議院議員もされた加藤シヅエ先生が90代の時、テレビ番組で私がインタビューすることになりました。ところが、収録日の前にご自宅で転倒され、骨折したため延期になりました。３カ月くらい後にご自宅にうかがいインタビューしたのですが、「何かにつまずかれたんですか」と、当時50代の私はうかがいました。

加藤先生は、「それが、立っていたら、フワ〜っと転んだんでございます」と快活におっしゃいました。

その時は実感がわかなかったんですが、今の私は、フワ〜っと転びます。

加藤先生は１００歳を超えるご長寿でした。こう見てくると転倒⇓骨折なんてなんぼのもんじゃと思えます。

Q 10

70代後半です。先日可愛がっていた猫が死んでしまい、寂しくてしょうがありません。新しい子を飼おうと思うのですが、一人暮らしだし、今の猫は寿命も長く、私が先に逝ったらかわいそうとためらっています。

ペットとの生活で老後も楽し

わが家には4匹の猫が暮らしています。悠然とどこでも出入りします。お客さんとの打合せ中でも、やってきてテーブルの上に陣取り、辺りを睥睨するのです。噛んだりひっかいたり危害を加えはしないので、好きにしてもらっています。

やはりペットがいると心が癒やされます。心から可愛いと思います。深い愛情を注ぐ対象がいるのは、脳の健康にもよさそうです。

頭や体をなでるときに、手のひらに感じるぬくもりは生き物だからこそです。

可愛がっていた子が亡くなって寂しいというのは、あなたと猫の深い交流がうかがわれます。

ペットは家族同然ですもの、一緒にいて生きがいにもなりうるものです。

人生１００年、猫生20年、犬生15年

人間と猫の年齢対応表を見ると、人間の１００歳は猫の20歳くらいに当たります。猫の長寿のギネス記録は38歳（アメリカ）です。

犬の長寿ギネス記録は２０２３年に亡くなったボビの31歳ですが、真偽の論争が起こりギネス記録の権威が失われかねないことになっています。

犬や猫の寿命は年々延びています。

心配になるお気持ちもわかります。まして、おひとり様ということですので、相談者さんにもしものことがあれば、愛猫も道づれということも考えられます。悩ましいですね。

ペットの飼い主が孤独死すると、ペットは自分で食べ物や水を準備することが

できないため、飼い主の存在なしに生きていくことはできません。自宅から出ることもできず、自宅に閉じ込められた状態で衰弱してしまいます。

孤独死の方の横に、ペットの亡骸が一緒のこともあるそうです。幸い、生きて発見された場合でも、ペットの引き取り手が見つからないとペットは保健所に引き取られます。最終的に殺処分されることになってしまいます。

飼い主の死とペットをめぐる法律

わが家は、同居している娘がいるので、猫たちの先行きの心配はないのですが、おひとり様の相談者さんが亡くなるとペットは物と同じく相続の対象になります。多くの場合、お子様など相続人であるうちの誰かがペットを引き取ってくれます。でも、遺産争いが繰り広げられると、その間は世話をする人が決まらない、ということも起こりえるのです。

まずは、相談者さんが先に亡くなったときの、面倒を見てくれる人を探しておいてください。

親族、友人、動物愛護団体などが考えられます。

相談者さんが少し財産を残せるようでしたら、遺言に「財産のうち○○万円を付けて、ペットを○○さんに遺贈する」と書くだけではなく「ペットが亡くなるまでちゃんと面倒を見ること」という条件も書いておきましょう。

でも、これだけでは不十分です。

遺贈はもらう人が拒否することもできるので、「いらない」と言われてしまうとペットが路頭に迷います。遺言に書くだけではなく、事前によく話し合っておく必要があります。

お助け集団もあります

自分で里親を見つけられない場合は、サポートしてくれるNPO法人もあります。里親探しを専門にしているNPO法人であれば、ネットワークがあるため里親を見つけられる可能性は高いでしょう。

これらNPO法人の存在は飼い主さんの安心材料になるはずです。

ペット信託という方法もあります。第三者や法人に料金を支払うことで、ペットの面倒を見てもらえます。終活で、信頼できる誰かと信託契約を結んで、そのときのために預金をしておけば、亡くなったあとに備えられます。契約をした人が、ペットのためにそのお金を使えるのです。相当のお金がかかるので、よく考えておいてください。

まだ少ないですが、ペットのための老人ホームのような所もできています。ペットが亡くなるまで預かってくれます。こちらも高額なお金がかかることを含んでおいてください。

具体的には

法律的なことは、司法書士の方が多くの情報をもっているようです。様々なことを書いておく遺言書作成などをお願いできますし、様々な相談に乗ってくれます。

東京都では、保健医療局に「東京都動物愛護相談センター」を設置していて様々な相談ができます。

こちらでは、ペットの好き嫌いや性格の特徴を記した「うちの子ノート」の作成を勧めています。同様の部署はお住まいの自治体にもあると思いますので、調べてみてください。

コラム

老いの学び直し

人生五十年といわれていた頃から、「四十の手習い」という言葉がありました。これを「人生100年時代」の現代に置き換えてみても、人生の土台作りに役立つことになります。それを後半の人生に生かしていくことができます。

私は2001年に『盛年――老いてますます…』（学陽書房）という本を書いて、成人が20歳なら盛年は40歳、2度目の〈盛人式〉をやってはどうかと提案しました。

二十歳の時は進路選択の自由は個人にあるのに、まだまだ親の影響が大きく、自分では決めきれないということもあったのではないでしょうか。それから、20年たった40歳の時には、経験や出会いを重ねて、二十歳の時には興味がなかった分野や専門につき、学んでみたいという興味もわいてくるということもあります。

また、現代は時代の流れが早くなっていて、学校教育で学んだ知識では追い付かないという分野も出てきています。

〈盛年〉という言葉は、若い盛りとされます。一番元気な年頃です。明治の頃は初老などといわれた40代ですが、人生１００年時代には、若さのピークではないでしょうか。この時期に新しい学びに挑戦するよう周囲に勧めてください。

自治体でもこの言葉を意識してか、〈盛年館〉といった施設も各地にできています。

近年、デジタルだとかＡＩだとか、時代の流れが早くなっています。経済産業省や厚生労働省は、〈リスキリング支援事業〉を行う団体に補助金などを支給して、学び直しを支援しています。また、文部科学省は、人材育成のために大学を利用することを推進しています。企業内での人材活用に伴い、社員個々が仕事をしながら、技術革新に適応するため新しい知識やスキルを学べます。

個人の生涯教育のためには、〈リカレント教育〉という考え方もあります。社会に出てから、自分が必要なタイミングで学び直しすることです。

働くことと学び直しを交互にするという考え方ですので、仕事を休職する、あるいは辞めるということも視野に置く形です。

何も何歳ではじめなければならないと頭を固くする必要はありません。

日本の測量で著名な伊能忠敬は、商人として家業に励み、50歳で家督を長男に譲り隠居しました。

元々暦学に興味があったため、隠居後、20歳近く年下の師匠に弟子入りし、寝る間を惜しんで勉学に励みました。そして、学んだ測量学により伊能図と呼ばれる日本地図を創りあげたのです。

〈人生五十年〉といわれた江戸時代に、50歳で勉学をはじめたのです。

現代なら80代、90代で学び直しをはじめても遅くはないといえませんか。

私は〈老いの義務教育〉を願っていて、義務教育の学校のような形で、歳をとっても学べる場所を作っていただくことを願っています。

第3章
家族といい感じで暮らす

Q 11

もうすぐ80歳になります。そろそろ、食事の支度や家事が面倒になってきました。体も思うようには動きません。昔なら、お嫁さんが家事などの世話をしてくれるところですが、仕事をもっていますし、住まいも別ですので、まったく期待できません。

介護嫁はいない時代です

介護嫁は今や絶滅危惧種です。

息子さんのお連れ合いにお世話してもらえる可能性は相当低いのです。介護は実のお子さん（息子さん）にお願いするしかありません。

それに「嫁」という呼び方も変えたほうがよさそうです。呼び方を変えることで、以前の常識は変わります。

かといって、息子さんのお連れ合いに「あなたのお世話にはならない」と宣言する必要もありません。

生きているときはお世話してもらわなくとも、死ぬと様々な手続きをしてもらわなければなりません。この言葉は〈お嫁さん〉にだけではなく、自分の子どもにも言ってはいけません。

けんかのときの捨て台詞になりがちな言葉ですが、日常のお世話はしてもらわなくても、必要な電話をしてもらったり、病気のときは病院に駆けつけてもらったりといった支えは、家族にお願いすることが多いでしょう。そう肝に銘じて、普段からよい関係を作っておきましょう。

相談者さんが80歳といえば、息子さんは勤め先で重責を担っている世代でしょう。介護で時間をとられることは仕事に影響するとか、出世に響くといった悩みを抱えているかもしれません。

育児・介護休業法が改正され、２０２５年4月から介護離職防止のために、仕事と介護の両立支援制度を十分に活躍できるよう、事業主は制度を社員に個別に周知したり、意向を確認したりするように強化が図られます。

現代は、女性でもフルタイムで定年まで働く時代です。家族だけが親の介護を担う時代は終わりました。

親は介護保険を利用し、子は会社の両立支援制度を使うのが、これからの介護の形です。

それぞれの人が、自分の望むように生きられる社会がよい社会と私は思います。

介護をオープンにして、皆に頼って助けてもらう

かつて、日本では病者や精神疾患のある方を、家の恥として表に出さない文化がありました。体が不自由になった高齢者もこれに準じた扱いがされていたのですが、人権意識も変化し、高齢者も長寿となり、何よりも大家族が少なくなりました。

最近は子育てを、会社の同僚たちが助け合って支えてくれるという風景も珍しくなくなっています。

介護だってオープンにして、残業を少なくするなど、会社の理解で息子さんに精神的なサポートを求めることはできるかもしれません。

介護を必要とするお年寄りは確実に増えていくのに、家族介護を担うお子さんが少ないというのが今の時代です。社会が協力し合って、介護に臨む必要があります。

企業も行政も、「仕事と介護を両立させるには、どうしたらいいか」と考え、働き方改革を進めています。

会社には育児・介護の相談ができる部署があるはずです。

1億総介護者時代は目の前

65歳以上人口は3600万人を超え、日本人の3・5人に1人は高齢者です。日本で一番人口が多い世代、いわゆる団塊の世代が2025年までに75歳以上の後期高齢者になり、後期高齢者は5人に1人となります。

介護のニーズは、どんどん高くなっているのです。

ただ介護を担う人材は、高齢化のスピードに見合うように増加していないのです。給与を上げるなどの取り組みで人材を確保しようとはしているのですが。

必然的に働きながら介護にも取り組むビジネスケアラーが多くなってきます。この方たちが介護で離職することになれば、日本の産業界全体の体力を弱めます。企業からいえば、人材の流出は競争力を弱めますので、企業は福利厚生の拡充、様々な働き方の提供など、従業員が働きやすい環境の整備に取り組んでいます。

たとえば、遠距離介護をしやすくするため、リモートワークをうまく取り入れたり、フレックスタイム制、通常の正社員よりも所定労働時間が短い「短時間正社員制度」の導入などで、働き手が仕事を辞めずに介護できる環境を整えた会社も増えているようです。

65歳以上で介護を必要とする人が、５人に１人はいる時代です。もう特殊なケースではないのです。

息子さんが会社と話し合って、介護に時間をとりやすい状況を探ってもらいましょう。

また、相談者さんの体の状況はよく把握できませんが、まずは介護申請をしてみましょう。

要介護でなく要支援でも、生活支援サービスが受けられますし、介護予防のために体操などで施設に行ったりできます。

相談者さんが楽しそうに暮らすことで、ビジネスケアラーである息子さんの負担も減らせます。

介護する人、される人、どちらも自分らしく生きていけるよう、介護保険による支えあいを上手に使ってください。

Q 12

50代の娘が、そんなことをしたら危ないとか、お金の使い方や私の友人関係など口うるさく言ってきます。82歳で、まだまだ自立して生活できるのに、自分の言うことに従わせようとするのです。けんかにならないようにするには、どう対応するべきでしょう?

大いにけんかして笑いとばしましょう

わが家も娘と二人暮らしで、年齢はちょっと私たちのほうが上ですが、同じようなものです。毎日何か叱られてます。

子育ての頃は、私が心配していろいろ言っていたのに、いつの間にか形勢が逆転しています。

親として子どもを心配していたのと同じように、ヨタヘロしてきた親を子どもが心配して口うるさく言うのだと思っています。

ですから、深刻にならずに言いたいことを言い、大いにけんかして笑いあいましょう。実の親子ですもの、まして女性同士、それで済みます。しばらくは口をきかないとかいうこともあるかもしれないですけれど、いずれはわかりあえるものです。

同居していれば、毎日のように起こることですから、小さくなっていると、やがては気持ちが縮こまってしまいます。引かずに堂々と考えを伝えましょう。

娘さんのほうが何事もうまくできるのは当たり前

きっと料理でも、力仕事でも、娘さんのほうがてきぱきとうまくできるのでしょうね。こっちは、年齢を経てヨタヘロしているのですから、ハンデがあるのは当たり前です。

でも相手は勝ち誇って、上から目線でいろいろ言ってくるのが相談者さんにとっては腹立たしいのでしょう。

小さい頃は、逆に守ってあげていたものを、親たるもの、これを黙っているわけにはいきません。わが家では口げんかが絶えません。けんかすることを恐れることはないですよ。娘が私を心配して、守ってくれていることもわかっています。相談者さんの娘さんも、きっと母親のことを大切に思って、気遣ってくれていますよ。最後はこのお互いの信頼感が大切です。

断固自分の領域は守る

「そんなことをしたら危ない」と言うのは、危険な目に遭わせたくないという心配からきている小言ですから仕方がないかもしれませんが、お金の使い方にまで口出しするのはいかがなものか。

あなたの築いた財産なのですから、常軌を逸した使い方でないかぎり、小言を言われる筋合いはありません。

友人関係もそうです。ご自分の領域に踏み込んでくるようなら、断固論戦というけんかをしてください。けんかを恐れて、黙っていたら考えは伝わりません。

大いにけんかして、たまに「ありがとう、ありがとう、ありがとう」などと感謝の気持ちを示して、バランスをとればいいのです。

モノを捨てるのは記憶を捨てること

世代の違いなのか、モノがたくさんあるのを嫌う風潮があります。同世代の友人たちに聞くと、モノを捨てろと言う娘さんが多いようです。「断捨離」というのがブームで、家に何もない空間を作るのがはやりのようです。

でも、モノには人の記憶が詰まっています。

私は、仕事柄、書籍や資料の入った段ボールが、普段使うこともないのに家に放置されています。

娘に「この荷物どうするの」と厳しく言われますが、「どうもしない！」と開き直っています。

スカーフやアクセサリーなども溜まっているのですが、スカーフを取り出して、

「そういえばこれは、必死に働いてお金を貯めて、連れ合いとイタリアにオペラを見に行った時に買ったんだった」などと思い出がよみがえってきます。ヨタヘロになって、外出することが少なくなると、こういったイメージで遊ぶのも楽しみになります。

モノは思い出の扉を開くカギだから、「下手に捨てたら、ボケるかもしれない」と言って説得しましょう。脳医学者の瀧靖之先生によれば、脳には「主観的幸福感」が大切だそうです。ですから思い出遊びで幸せな気持ちになるのは、実によいことなのです。

家族など身近な人は親がボケることに潜在的な恐怖があるので、これは効きますよ。

他の人には、価値がないと思われるモノでも、当人にとっては、価値があると思っているモノもあります。

むやみな「断捨離反対！」。

Q 13

80歳になりました。連れ合いが入院後のリハビリ中に、私が脳梗塞を起こし、一人では起居ができなくなりました。このままでは夫婦共倒れというう状況を見かねて、50代の一人息子が、会社を辞めて介護に専念しようかと言ってくれています。とてもありがたいのですが、私たちもいずれはいなくなります。その後、息子がどうするかが心配でなりません。実際の問題として、息子の収入がなくなれば、生活は私たちの年金でやりくりするしかないですし……。

孝行息子さんとは思いますが……

一昔前でしたら、「なんて親孝行な息子さんでしょう」といわれたのではないでしょうか。でも、介護のために仕事を辞めてはいけません。

介護離職はここ数年の大問題になっています。小池百合子東京都知事は「7つのゼロ」を公約に掲げ、「介護離職ゼロ」もその一つでしたが、達成されていないと話題になっています。

私は2017年に『その介護離職、おまちなさい』(潮出版社)という本を書き、警鐘を鳴らしました。この本では、〈トモニ介護〉〈ながら介護〉というテーマを挙げ、企業も社会も〈ともに〉介護を支え、介護する人は、働き〈ながら〉介護が十分に可能な社会を目指しましょう、という提案をしました。

実際に大手企業の中には、休職や介護休暇、時間短縮などのシステムを作り、介護に直面した社員が辞めずに済むように配慮しているところもあります。

国も育児・介護休業法を定めるなど、介護離職ゼロを目指す政策を行っているのです。

介護離職は社会の損失

50代といえば、会社では管理職世代です。若者を育て、ご自身も次のステージを目指して努力する世代です。そんなキャリアを大切にしてもらってください。

日本は、会社を辞めてからブランクがあると、なかなか同等のキャリアで他社に就職することが難しい社会です。息子さんは50代とのことですので、60代、70代で再就職といったことになるかもしれませんが、どんどん条件が悪くなります。

子育ては「子どもが小学校に上がったら」といったように、未来予測が立てやすいのですが、介護は「何年で終わる」か予想がつきません。

雇っている会社にとっては、働き盛りで有能な人材を失うことになり大きな痛手です。会社は人材を育てるために、研修やその会社に適した仕事の仕方ができるように、社内でトレーニングするといった教育費、研修費に大きな投資をしています。

ましてや人手不足の時代ですから、育てた人材を大切にする制度を設けているはずです。多くの場合、子育てと同じ部署が介護に関する相談に乗ってくれるはずです。何ができるか、まずは息子さんに言って調べてもらってください。

〈ながら〉介護のための10原則

私は〈ながら〉介護のための10原則という旗を掲げました。

①人生は長い。他にいろんなことをしながら家族を看よう。
②仕事を続ける。その覚悟をアピールする。
③決して隠さない。
④介護は情報戦と知る。
⑤ひとりで抱え込まない。
⑥事前準備を怠らない。
⑦地域の人間関係を大切に。
⑧「食べる」ための技術と手続きを手に入れる。
⑨「ケアされ上手」も年甲斐のうち。
⑩制度を上手に利用する。

介護離職を防ぐためだけでなく、すべての働きながら介護する人たちへの呼びかけです。

おひとり様の息子さんでも

相談者さんは触れておられませんが、息子さんは独身者だろうと思っています。2020年の段階で、50代の男性の約3・5人に1人は独身です（国立社会保障・人口問題研究所『人口統計資料集（2023）』）。独身率はどんどん上がっていますので、すでに3人に1人かもしれません。もう珍しいことではないのです。一人息子さんですから、ご両親に対する責任感も人一倍あるのでしょう。ただ、心配のあまり将来の生活設計にまで考えが及んでいないのかもしれません。

ここは相談者さんのほうから、介護離職の問題を冷静に考えてもらうよう、情報を提供してあげてください。

最近はリモートワークといって、家にいながらパソコンを介して、仕事をするという会社とのつながり方も多くの会社が採用しています。

これなら家にいられるので、ご両親の体調にも細やかな対応ができますし、会社の人ともつながっていられます。

50代の会社員なら、年収も夫婦の年金より高いでしょう。それを失うと生活は不安です。10年、20年の介護にも生活が支えられるよう、ぜひ会社に相談して、一番良い働き方を見つけてください。息子さんがキャリアを失わなければ生活の安定も図れます。

育児・介護休業法が改正され、２０２５年4月1日から介護離職防止のための個別の周知・意向確認、雇用環境整備等の措置が事業主の義務となります。

①介護休業に関する制度、介護両立支援制度等、②①の申出先、③介護休業給付金に関すること、の情報を提供する義務です。

Q 14

70代ですが、転んで大腿骨を骨折し、動くことがままならなくなりました。食事や買い物などの家事は私が担当して、家族をサポートしていました。順調に回復すればよいのですが、車いすの生活になる可能性もあるようです。娘は離婚していて、シングルマザーとして家族の経済を支えるため、ずっと働いています。仕事で忙しい毎日です。私の世話と家事は中学生の孫がしてくれます。うれしいし、ありがたいのですが、受験もあるので勉強の妨げにならないか心配です。

ヤングケアラー

ご相談から察するに、お孫さんは中学生で受験を控えているのですね。娘さんはお孫さんが家にいれば、目が行き届くと思って安心しているのかもしれません。お忙しい毎日を送られていることでしょう。

そこに優しいお孫さんがいらっしゃるのですから、ついつい任せてしまうのでしょう。

でも、お孫さんは社会問題化している「ヤングケアラー」といえます。定義はあいまいですが、大人が担うような介護責任を引き受け、家族の世話、介護、感情面のサポートなどを行っている18歳未満の子どものことをそう呼びます。

私は評論家になったばかりの頃、既婚女性向けの月刊誌、病気の親を介護する10歳にも満たない小学生の記事を読み、涙が出ました。これは大人の責任、社会の責任だと強く思いました。そのため、社会がヤングケアラーを支援しなければと訴えてきました。

日常化していて周囲が気づかない

厚生労働省は、２０２１年暮れから２０２２年にかけて、ヤングケアラーの実態調査を行いました。

それによると、小・中学生でヤングケアラーと呼べるのは小学6年生で15人に1人、中学2年生で17人に1人と、思っているより多いのです。30人クラスとして、クラスに2人の割合です。幼いきょうだいの世話という子どもが多いのですが、65歳以上の高齢者、要介護者などのケアをする中高生も同程度います。中高生では1日に4時間も介護のために時間を使っていました。

つらく感じているのは「自分の時間が取れない」、だから友だちと遊べないということが、アンケートの中に多く書かれていました。

遅刻や欠席が多くなったりと、弊害は表面化していました。

でも、本人はまじめに使命感をもって家族を支えているので、そのつらさを周囲が気づいてあげられないのです。

ヤングケアラーのサポート

この言葉がいわれるようになってから、周囲が気づいて声をかけたりするようになりました。介護者である子どもや若者も自分は「ヤングケアラー」だと気づくことができるようになったのです。子どもの未来と希望を奪わないのは、親だけの責任ではなく社会の責任です。

調査の結果を重視してか、政府は「子どもが子どもでいられる街に」というキャッチコピーを入れ、「一人で頑張らないで、誰かを頼ったっていい」とするポスターを作って、社会の気づきを促しました。家族に寄り添い、どういう支援が必要かを探り、行政がネットワークを使って支える試みです。

家族を責めると、ヤングケアラーは自分のやっていることを否定されたような気持ちを抱くこともあります。また、可哀想といわれるのも嫌がるでしょう。介護することによって、優しさや責任感が芽生えるというよい側面を強調してあげたいものです。

ヤングケアラーを支援する法律もあります

こども家庭庁が中心になって、「子ども・若者育成支援推進法」を改正し、国・地方公共団体等が各種支援に努めるべき対象に「ヤングケアラー」が明記されました。この法律の一部改正は、２０２４年6月から施行されています。

都道府県や市区町村は、子ども・若者支援地域協議会を設置することを義務付けられ、２０２４年4月時点では9割方の都道府県が設置しています。

さらに具体的窓口として、子ども・若者総合相談センターも着々とできています。

サポートスタッフの育成も進んでいます。こういった所に電話で相談してみてはいかがでしょう。

相談者さんの家族が必要としている支援が受けられるかもしれません。センターができると情報が集まってくるものです。その情報を活用して、お孫さんの楽しく明るい未来を考えてあげてください。

現代の大問題である「少子化」。それに対応する法制度は着々と整備されています。子どもが幸せではない社会は、よい社会とはいえません。

お住まいの市区町村にも相談センターはあると思います。ぜひ活用してください。

コラム

おひとり様もまた楽し

ここまでのご相談は家族のいる方の悩みばかりでしたが、老後を「おひとり様」で暮らしている方も多くいます。

ファミレス時代を生きる

現在はファミレス時代でもあります。ファミリーレストランのことではありません。

ファミリーがレス（ｌｅｓｓ）＝〈ファミレス〉と、私は名づけています。

「高齢社会白書」（令和6年版）によると、65歳以上の一人暮らしの割合は、昭和の終わり頃で男女それぞれの人口に占める割合が男性4・3％、女性11・2％でしたが、令和になると男性15・0％、女性22・1％となり、２０５０年には男性26・1％、女性29・3％となると見込まれています。

女性では3人に1人に迫る勢いです。

50歳での未婚率は2030年に男性の3人に1人、女性の4人に1人が生涯未婚者になると予測されています。

平均寿命は女性のほうが長いですし、結婚しようがしまいが「おひとり様の老後」＝ファミレスを生きる可能性はかなり高いです。

上野千鶴子さんのミリオンセラー「おひとりさまの老後」

私の心友、上野千鶴子さんは、『おひとりさまの老後』（法研⇒文春文庫）を著し、100万部を超えるベストセラーになっています。

幸せに老いるためには、住まい、お金、健康、仲間づくりとされています。

介護の知識も必要、知恵と工夫があれば、おひとり様は怖くない、と説いています。

この本は女性のおひとり様の情報が多いのですが、男性の読者から「男を見捨てないで、男性版も書いてほしい」という訴えがあり、『男おひとりさま道』（法研⇒文春文庫）も出ています。

男のおひとり様には「死別シングル」「離別シングル」「非婚シングル」がいますが、女性のおひとり様とは幸せへの道すじが少し違います。

それぞれをたんねんに取材して、男のおひとり様が生きていく知恵を伝授しています。

さらに、『在宅ひとり死のススメ』（文春新書）では、「このまま人生の下り坂をくだり、要介護認定を受け、ひとり静かに死んで。ある日、亡くなっているのを発見されたら、それを『孤独死』とは、呼ばれたくない」と語っています。

上野さんの徹底取材によると、老後の幸せ度は「おひとり様」が高く、「老夫婦ふたり」世帯が低いそうです。

ファミレスも悪くないかもしれません。

第4章
お財布はやっぱり基本

Q 15

60代半ばですが、老後のお金が心配になるときがあります。

長生きは喜ばしいが

物みな値上がりし、税金の負担も増えていきます。年金で生活する多くの高齢者には、うれしくない方向に世の中は向かっているようです。

先行き不透明なうえに、80代半ばまでの老後の資金計画を立ててはみたものの、人生100年時代が現実のものになりつつあり、「あと10年以上ある。どうしよう」と思っている方も多いのではないでしょうか。

私は、子どもは一人しかいないので、あまりお金がかかりませんでした。ずっと働いていたので、経済的には恵まれていたほうだと思っています。

ところが、84歳で家を建て替えた時には、虎の子の蓄えが少なくなり、落ち込んで暗い気持ちになりました。ですから心配のお気持ちは痛いほどわかります。

でも、おかげ様で娘との快適な暮らしを手に入れました、財産の使い時というのはあるのだと、前向きに考えることにしました。

人生100年の準備をはじめましょう

昔、「私は体が弱いからそう長生きはできない」と言っていた友人でも、70代を迎えています。70代になった人は、90％くらい90歳には達するという話です。

ですから覚悟を固めましょう。

とはいえ、60代の相談者さんでもあと30年以上、気の遠くなるような未来です。それなりの年金があるとしても、それだけで暮らせる人はそう多くはないでしょう。

今の日本は空前の人手不足です。60代、70代でも現役で仕事をしている方は、いっぱいいらっしゃいます。

仕事を探す、あるいは続けることで収入を確保しましょう。仕事をすることで、社会参加にもつながります。うまくご自分に合う仕事にめぐり合うことができれば、気持ちも前向きになります。

節約上手になりましょう

収入を増やすことの裏返しで、節約にも励みましょう。

雨風を防ぐ家があれば、暮らしは何とかなると思う方も多いかもしれませんが、家も年をとります。家持ちの方も、家の修繕にはお金がかかりますし、大病をするかもしれません。私も89歳でがんの手術をしました。

大金が出るのは、この2つぐらいかしら。

食費の節約は、テレビの料理番組や雑誌などで安い節約レシピをたくさん紹介しています。栄養バランスも考えているようですよ。今から節約レシピをメモしておいたらいかが?

私は若い頃、食費の節約のため缶詰を大いに活用しました。

備えあれば憂いなしです。ヨタヘロ期のために、助成制度はじめ、たくさんの情報を集めておいてください。

〈人生１００年時代〉の提唱

余談になりますが、「人生１００年時代」を最初に提唱したのは、私のようなのです。

『現代用語の基礎知識』（自由国民社）は、現在でも年度版として毎年刊行されていますが、その２０１６年版に「人生１００年時代」と書きました。時代にあっていたのでしょう。それからあれよあれよと広がっていき、私も「人生１００年時代」の旗を高く掲げるようにしました。あまりに早く寿命が延びたため、社会制度がそれに追いついていない感がありますが、徐々に社会制度も整ってくると思いますので、準備をしておけば思い悩むほどのことはないと思います。

Q 16

70代半ばです。今も働いていて、それなりに財産もあります。認知症にならないかぎり、子どもや孫に財産を明け渡さないつもりですが……。

財産はあなたのもの、家のものではありません

子どもさんやお孫さんは基本的に愛おしいですよね。でも財産はあなたのものです。混同しないようにしましょう。

お子さんがいるとのことで、お連れ合いもいらっしゃるのでしょうか？　年金は、「夫婦の年金」で老後の心配をなくそうという考え方ですので、基本的な日常の費用は年金で賄えそうですね。

ご夫婦の生活に余裕があるように見えれば、お子さんたちもつい、大きなお金を動かすときや日常の生活資金を援助してもらおうと甘えてくるかもしれません。

生前贈与はやりやすくなったのですが

２０２4年1月1日から、親から子、孫に無税で財産の生前贈与をできる額が増大しました。

「相続時精算課税制度」というのですが、原則として60歳以上の父母や祖父母から18歳以上（以前は20歳以上）の子や孫に対し、財産を贈与した場合に選択できる制度です。

年間１１０万円以下の贈与であれば税金がかからない「基礎控除」と、この基礎控除を除いた贈与財産が累計２５００万円まで課税されない「特別控除」です。特別控除の累計が２５００万円を超えると、超えた部分に対して一律20％の贈与税がかかります。

国はできるだけ、若い世代にお金を回し、消費に使ってほしいのでしょうね。

トラブルのもとになるかも

でも、子どもさんが複数いれば財産分けのことなども気にしているかもしれません。

「きょうだいは他人のはじまり」という言葉もあるほどです。親の財産をめぐって、きょうだい仲がギクシャクする例は枚挙に暇がありません。特に介護のことが関わると、均分相続では不平等感があるようです。

こういった心配があるのならば、遺言を書いておくのはどうでしょう。莫大な財産がある場合は専門家に相談したほうがよいと思いますが、メモ書きでもいいのです。

あらかじめ子どもさんたちに見せておけば、相談者さんの考えが明確になります。その後の状況の変化によって、何度も書き換えればいいのです。

こういう準備をしておいて、お財布は最後まであなたが握っていてください。

「少年よ大志を抱け、老人よ財布を抱け！」

高齢者の財産分与について思い出すのは、シェイクスピアの「リア王」です。リア王は元気なうちに、領国から住まいの城まで３人の娘に譲り渡してしまいました。

しかし、上の２人の娘に城を追い出され、荒野をさまよう羽目になってしまいました。

末娘が心優しい人で、悲惨なことにならないで済んだのですが、この物語はよい教訓になります。

成年後見制度

もしも認知症になったら、成年後見という制度もあります。認知症になって様々な判断ができなくなったときに、成年後見人に財産の管理を任せることができます。

相談者さんが認知症のため不当な契約を結ばされたりしたときに、後見人が取り消すことができ財産を守れます。

誰に後見してもらうのかは家庭裁判所に届け出なければなりません。第三者に関わることもあるので、手続きをしておきましょう。

一度登録すると、そう簡単に変更できないので、事前にしっかり話し合いをしてください。

弁護士や管理団体に後見人を依頼する場合は報酬も必要です。親族の誰かに依頼するのであれば、無報酬でいいと思います。

Q17 60代の寡婦ですが、配偶者の遺族厚生年金減額にどのような対処法がありますか？

遺族厚生年金は変わるかも

年金や公的扶助の制度は様々あります。何が一番自分に合っているのか、よく調べておかなければ、不利益を被るかもしれませんね。

たぶん、お連れ合いが亡くなった時に、自動的に遺族厚生年金に切り替えられたのではないですか？

遺族厚生年金は厚生年金加入の夫が亡くなると、妻が30歳未満で子どもがいない場合を除いて生涯支払われます。

また、妻の死亡時に夫が55歳以上なら、60歳から生涯支給されるのです。

これは、昔のように男性が外で働き、女性が家を守っていた時代に適応した制度です。

今は共働きの夫婦が多いですし、そもそも男女差がある制度は好ましくないと、改正されることになりました。

新制度施行までは現行のまま

厚生労働省年金局のホームページに詳しいことが書いてあります。

これによると21世紀になってから、男性が働き妻は家にいる世帯と共働きの世帯がほぼ同数になり、２０２３年には共働き世帯が１２０６万世帯、男性が働き妻が家にいる世帯が４０４万世帯と圧倒的に共働き世帯が多くなっています。

また、賃金格差も60代、70代では、女性が男性の70％以上になってきました（２０２３年）。でもまだ、差があるのですね。

こういった社会状況に合わせて遺族厚生年金が見直されます。

ただ、施行日が決まっていませんし、60歳以降の高齢者では大きな変更はないので現行制度で説明します。

遺族年金の受給者

まずは、難しい法律の条文をわかりやすくお伝えします。

遺族年金は以下の方が受け取れます。

・亡くなった方が国民年金・厚生年金に加入していた。
・亡くなった当時、その方と生計を共にし、かつ、恒常的な年収が８５０万円未満である。
・子どもがいる配偶者のほか、場合によっては、祖父母、子、孫なども条件によって受け取れる。
・支給額は、保険加入していた人の加入期間や子どもがいるいないにより異なる。

相談者さんは、この中に入ると思いますが、お子さんの人数により、支給額が違います。また、40歳から65歳になるまでの間、遺族厚生年金の中高齢寡婦加算が受けられます。年額61万2000円加算されるので大きいですよね。
ただ年金は、何年に生まれたとか、年金の種類とか、支給額とか複雑な組み合わせになりますので、ここで快刀乱麻を断つごとく、相談者さんの質問にお答えすることは難しそうです。

各地の年金相談センターを利用できます

代わりに日本年金機構が用意している「ねんきんダイヤル」の番号を書いておきます。情報をたくさんもっている所ですので、相談に乗ってくれます。
☎0570-05-1165
また各自治体は、それぞれ年金事務所や街角の年金相談センターを設置しています。そこへ行って相談することもできますし、電話相談にも乗ってくれます。
事前予約が奨励されていますので、予約してからのほうが時間の節約になるようです。

Q 18

最近は70代の方でも働いています。60代の私も生きがいをもつために働きたいと思います。一般的に高齢者も働いたほうがいいのでしょうか？

仕事は生きがいにもなります

日本は現在、超のつく人手不足です。昭和の最後の頃は60歳で定年、それ以降は契約社員として年収を減らし、管理職ポストを後輩に譲って、同じ会社に残ったり、雇用が継続されず別の仕事に就いたりしてから、60代後半で離職し、家で過ごすようになったのです。「毎日が日曜日」なんて流行語が生まれました。まだ、会社員はほとんどが男性で、家を自由に取り仕切ってきた主婦の皆さんもこれまでほとんど家に居なかった存在を抱えることとなり、苦り切っていたものです。

今は人生１００年時代です。もし、65歳で離職したら残りの人生は30年以上もあるのです。60代、70代は、まだまだお若いですし体も元気です。

生きがいになる仕事に出合ったら、体力のあるうちにどんどん働いてください。長時間労働により体を壊してお亡くなりになった方の警告により、働き方改革が叫ばれ、「24時間働けますか」という流行語を生んだモーレツサラリーマンは、今となってはあってはならない存在となりました。それにしても、よく過労死がバタバタ出なかったものだと、振り返ってみれば思います。

働くことを通じて社会とつながる

最近は、最初の会社は辞めたけれど、次の会社で頑張って働いている70代の方も多いようです。人手不足なので高齢者でも歓迎されるのです。仕事のスキルは高いですし、コミュニケーション能力も会社員として必要なものをもっています。

昔は、結婚が「第二の人生」などといわれましたが、会社を移ることが「第二の人生」といえるかもしれません。しかも昨今は女性会社員も「第二の人生」に踏み出しているのです。

職種を選ばなければ働き口はあります。午前9時から午後5時までフルタイムで働く職種ではなく、週に3回とか、働く人の都合に合わせて午後から3時間という働き方もあります。

仕事をすることにより、見えてくるものもあります。人とのつながりもできます。「ここをこうするほうがいいかもしれない」と問題点に気づくこともあるかもしれません。こういったことを通じて社会とつながる人が増えれば、社会が変わる可能性だってあります。

働くことにより経済的にも安心

そして何より、労働には対価が伴います。パートやアルバイトでも、最低賃金は東京都で1113円（時給、2023年度）と上がってきました。全国加重平均額も1004円と1000円を超えました。神奈川：1112円、埼玉：1028円、千葉：1026円など、他の自治体も、あまり差があると労働力が他府県に流出するので、上げていかなければなりません。

少しは希望がわいてきますね。日本は、65歳以上の高齢者が、人口の3割になる時代がもうすぐやってきます。

女性は働いても男性と比べて収入が乏しく年金も少ないので、私が名づけた「BB」＝貧乏ばあさんが、大量発生するのではないかと警鐘を鳴らしてきました。そうしたら、「BJ」＝貧乏じいさんもいるぞということになり、高齢者の貧困が可視化されました。BB、BJにならないためにも働いてください。

仕事探しは大変でしょうが、ハローワークだけでなく地域のシルバー人材センターに登録するという手もあります。同年配の集団ですから、情報交換も自分に合っていると思います。サークル活動をするところもあるので、仕事探しと仲間づくりの両方できます。

最近はボランティアでも有償ボランティアという形もあり、社会貢献と収入の両方が満たせる一つの選択肢になります。

Q 19 80代ですが、無年金で蓄えが尽きてしまいました。もし、認知症になったら息子、娘に迷惑をかけるのではないかと心配です。

80代までよくぞ頑張られました

現在80代ということは、1980年代半ばの、あのバブルの時代に働き盛りだった世代ですね。

あの頃は女性運動も盛んで、私の周りにはフリーランスのライター、デザイナーなど、メディアで活躍されている方も多くいらっしゃいました。

そういう方々は年金を信じておらず、加入していない方がほとんどでした。世の中の好景気で収入も高く、海外旅行などにもしょっちゅう行っていました。

私はそういう仲間に、「派手に暮らさず、年金のない老後に備えて貯金をしましょう」と言ったものです。

相談者さんも、そう思ってきちっと蓄えをされていたのだと思います。ただ、当時は人生80年時代でした。人生100年時代と、20年も寿命が延びて計画が狂ってしまわれたのですね。

女の人生3つの滑り台

生まれた時は、ほぼ男女同数です。でも時を経るにつけ、このバランスは徐々に崩れていきます。

2024年度の高齢社会白書によりますと、65歳~74歳人口の男女比は、女性を100とすると男性は92です。男性も長生きになったのですね。85歳から94歳人口での男女比は、50対100と大きく差が開きます。やはり女性のほうが圧倒的に長生きなのです。

高齢者世帯の9割以上が何らかの年金を受給されています。高齢者の生活は年金で支えられていると言っても間違いないと思います。

ところが、女性には年金と縁が切れる3つの滑り台が待ち受けているのです。

相談者さんが、もし会社に勤めていて、年金に加入していたとしても、当時は加入期間が25年以上でないと年金を受給できませんでした。

待ち受ける第1の滑り台は妊娠、出産です。結婚で退職する方は徐々に減っていきましたが、子どもができると会社を辞めるのが当たり前の風景でした。

第2の滑り台は、第1の滑り台をかわして、働き続けたとしても2番目を産むかどうか、子どもが小学校に上がった、夫が転勤になったなどで働き続けるのが難しくなる。

第3の滑り台は、40代～50代の介護離職です。

これらの滑り台で女性が年金制度から滑り落ちるのです。こうして女性は家庭に引き戻され、年金を積み立てて老後に備える機会を奪われたといっても過言ではありません。

女性は結婚して夫の収入で安定した暮らしをし、夫に先立たれた場合は、遺族年金で安定した暮らしを、と国は考えているようですが、そこから滑り落ちた女性たちがたくさんいらっしゃるのです。夫婦は離婚することもあるということさえ忘れているのかもしれません。

ＢＢ問題

私は、かつてこの状況を「貧乏ばあさん＝ＢＢ大発生」と警鐘を鳴らしたことがありました。

このＢＢ問題は過去の負の遺産であり、未来に続く大問題です。

現在では、女性も定年まで働くことが多くなっています。

滑り台は取り除かれて、ある世代以降はよいのですが、まだまだ、制度の隙間に滑り落ちた方々が40万人くらいいるのに可視化されていないという状況が続いています。

相談者さんも、お体が健康なら働きませんか？　私は「働くばあさん＝ＨＢ」と言っています。

ＨＢはハッピーばあさんでもあります。シルバー人材センターなどで、高齢者の働く機会は創出されつつあります。

心配されている認知症状が出たら介護保険を活用してください。

コラム 家計簿付けていますか

私が子どもの頃は、付け払いというのがありました。たとえば、本の御用聞きが勝手口に来たものでした。私の「少女倶楽部」、兄の「少年倶楽部」を届けてくれたり、母には「婦人公論」と「主婦の友」のどちらにされますかと勧めたりしてくれました。

届けてくれる本の代金は、その場で現金を渡すのではなく、付け払いです。毎月の末に締め、まとめてお金を払うシステムでした。通い帳というものを御用聞きさんが付けているのです。主婦である女性は現金をほとんど持たず、支払いは夫の役目でした。

この頃は、まだお財布を握っているのは男性でした。あの大文豪夏目漱石の日記に家計簿のような記載が見えます。子どもが病気になって、部屋を暖かくする必要があり、炭代がかさむと嘆いたりしています。お金の管理は彼自身がしていたのです。

戦後になると御用聞きという形態は衰退します。魚でも野菜でも、御用を聞いて届けてくれていたのですが、だんだんそういう商売の形がなくなり、主婦たちは買い物に出かけるようになりました。

高度経済成長期に夫はサラリーマンになることが多く、日中は家にいなくなりました。女性がお財布を握る家庭が多くなったのです。

現在の費目ごとに管理する家計簿を最初に提案したのは「婦人之友」の創立者の羽仁もと子さんといわれています。

明治期に産業化が進む中で、会社員という働き方が出現し、その妻として「主婦」が生まれました。

家の管理や記録を主婦の役割にすることを推奨するようになり、その考えを家計簿という形にしたのです。将来的な生活向上を目指し、貯蓄することが奨励されました。

戦中、戦後間もない頃は、国民の生活が苦しく、家計簿を付ける余裕のない人が多かったのですが、戦後もしばらくすると、日本の資本蓄積を増やすために「貯蓄推進運動」が展開されるようになりました。その具体的な施策の一つとして家計簿が利用され、1953年には『明るい生活の家計簿（現：明るい暮らしの家計簿）』が刊行されました。

また、「婦人之友」をはじめとする婦人雑誌の付録に家計簿が付けられるようになり、高度経済成長期のサラリーマンの妻たちが、自分に合った形で家計簿を付けるようになったのです。

現在も女性向けの家庭雑誌で年末号の付録には家計簿が付いています。そして紙の家計簿だけでなく、パソコンやスマホで管理できるソフトやアプリもたくさん出ており、家計簿のデジタル化も進んでいるとのことです。共働き家庭も増え、家族のあり様も多様化している中、それぞれのライフスタイルに合わせて、長期的な家計の計画も提案してくれるようです。

これからは、キャッシュレス決済が主流になっていくといわれています。現金を目にすることが少なくなる中で、お金の流れを別の形で「見える化」していくことが必要となってくるでしょう。

家計簿の果たす役割はかくのごとく変化しながらも、より重要になってくると思います。

私は、人の尊厳の中でも、自分のお財布の管理をすることは大切なことだと考えています。できるだけいつまでも自分で管理することを死守したいと願っています。

第5章

病気もケガも受け入れて

Q 20

85歳になりましたが、毎朝起きると体のどこかが痛いし、なかなか食欲がわきません。それで、朝食を作るのも億劫になっています。朝食を食べたほうが健康によいことはわかっているのですが……。

朝の憂鬱

私も同じようなものです、ご同輩。病気やケガでどこか痛いというのとは違う全身疼痛。

80代も後半になると、体が訴えてきます。しかも毎日違ったところが痛いのですよ。

でも、忍び寄ってくる老いを受け入れていくしかないのです。老いは、できることを少なくしていきます。

潔く受け入れて先に進んでいきましょう。

痛みがあれば、「楽しく」過ごすのは難しいかもしれませんが、趣味を見つけて、「楽しげ」に過ごすこともできます。夢中になれば、痛みを忘れることもあるでしょう。

お腹がすかない。だから朝ご飯を作る気がしないのは困りますね。高齢者の栄養失調が増えているのです。お腹がすかなくても食べないと、長い時間をかけて体はむしばまれます。

私はひそかに、「女の人生には調理定年があってもいい」と考えています。それがどうも80歳前後にやってくるようです。

出来合いの総菜を買ったり、配食サービスを利用したり、家事サービスの方を頼むなりしても、食事はちゃんと食べてくださいね。体調のよい時に、野菜たっぷりの中に何かタンパク質（肉、魚、豆、かまぼこ、ちくわなど）を入れたスープを作り置きするのも解決策です。

たくさん作って、1食分に小分けして冷凍しておけば、レンジで解凍するだけで朝ご飯になります。大切なのは「ベジタン」、ベジタブル＝野菜とタンパク質です。

私はシルバー人材センターの家事サービスに週2回食事の支度と、家事全般をお願いしています。

ご同輩は続々増えている

こういった状態は、あなたや私だけではありません。

80代半ばの頃、同窓会で話をする機会がありました。ところが、集まりが悪いのです。

参加したいけど、うまく歩けないし体のあちこちが痛くて楽しめない、という人もいれば、その日はお父さんの病院に付き添う日だから行けない、という人もいました。

80代になれば、自分も連れ合いも要介護状態の入り口です。ヨタヨタヘロヘロ、生きているんですよ。

同窓会の頃、私はうっかりそういうことを忘れていました。まだ、元気だったのですね。

あとで介護を専門にする友人に、「私なんか身近にヨタヨタヘロヘロの高齢者を見ているので、そんなの当たり前よ」と教えてもらいました。

みんなヨタヘロ驀進中

元気に生きて、ピンピンコロリと亡くなるのが理想といわれた時代もありました。でも、そうはいかないみたいです。

健康な時期のあと、ヨタヘロ期はやってくるのです。

平均寿命は健康でいられる寿命ではないのです。厚生労働省の統計によれば、平均寿命と健康寿命の差は男性が約９年、女性は約12年。

健康寿命は自立して生活できる期間です。その後に、他者に助力してもらわないといけないヨタヘロ期があるのです。

健康な時期をなるべく長くしていきたいところですが、どんなに努力しても自然と老いが心身の不調をもたらしたとしても、あなたは、あなたらしく生きていけるような状況を設計していきましょう。

ヨタヘロ期を完全に避けるのは難しいですから、50代、60代の方もそれに備えて周辺のことを考えておきましょう。

ヨタヘロが当たり前の社会

これからの時代、ヨタヘロ期を生きる人々が増えていくのは当然です。すべての方が、自分事としてこの問題を考えてほしいと思います。ヨタヘロの人に便宜を図り、暮らしやすさを工夫するために声をあげてください。

人生１００年時代の10年、人生の約10分の１の期間をよりよく生きるために問題点を洗い出し、次の世代に提言していきましょう。これが積み重なれば、生きやすい社会になるのではないでしょうか。

80代なら、100歳まで生きるとして人生はまだ20年近く残っています。この20年の人生をいかに楽しく過ごすか。それには何が必要なのか？　何しろ私たちには初めての経験です。

ヨタヘロ期を注意深く生きながら、同じ世代とともに手を携えて楽しく生きていきたいですね。

痛みとはうまく付き合って、それによって人生の質を落とさないように生きていく工夫と、地域や周りの人とのつながりを大切にしてください。

Q 21 70代前半ですが、ボケるのは嫌だなあ。まだ、漠然とした恐怖です。

認知症を恐れすぎない

認知症になったらなったで仕方ない、と開き直りましょう。2025年には、認知症の人が700万人になり、65歳以上の5人に1人が認知症と推測されています。

高齢になると、物忘れのたびに不安になるんじゃないでしょうか。認知症になったらという不安とどう向き合っていくかを考えましょう。

私は、もし認知症になったら公表しようと考えています。「周りに隠さないで、友人や隣近所に告げて、できるだけ公的援助を受けてほしい」と娘にも言ってあります。

相談者さんも、介護をしてもらえそうな人に、そう宣言しておくといいでしょう。

恍惚の人

1972年に有吉佐和子さんが『恍惚の人』を書いて、認知症の高齢者が可視化されるようになりました。

せきを切ったように認知症に関する本が出版され、介護する方たちの壮絶な生活が世に知られるようになりました。特にトイレの介助が衝撃的にとらえられ、認知症になりたくないと不安に思う高齢者が増え、介護者予備軍も親があんなになったら困ってしまうと、ボケ症状に敏感になったのです。単なる物忘れと認知症は違うのですが、ちょっとしたことで心配されてしまうのも困りものですね。

認知症に対する社会的・政策的対応は進んでいます

有吉さんの小説が出版されてから50年以上たち、認知症に対する社会的・政策的対応は目を見張るほど進んできています。かつては、家族の対応が悪いせいだと偏見の目で見られてきましたが、現在は医学的に老化に伴う脳の病気で、誰にでもありうることだと考えられるようになっています。新薬の開発も進んでいて、進行を遅らせる薬も広く使われるようになってきています。

厚生労働省は、団塊の世代が75歳以上になる2025年を見据えた「認知症施策」をとりまとめ、地域包括支援センターに相談窓口を設置しています。また、社会に認知症の理解者を増やすため、「認知症サポーター養成講座」を開催しています。ですから、将来介護してもらえそうな人と話し合って、もし認知症になっても決して隠さず、認知症の人やその家族、介護する人が、地域の中で安心して暮らせるシステムがあると知ってもらいましょう。

不安に思わず安心して、自信をもってボケましょう。

早期発見のために

私の経験ですが、仲間内で「あの人最近認知がきているんではは」と思うときがあります。このとき上手に家族に伝えるのは、なかなか難しいものです。医者にかかって、病気が特定されれば早期発見になって、薬で進行を遅らせることも可能です。ご本人にはよいことなのですが、友人だけで先走るのも悩ましいところです。

家族に伝えられればよいのですが、仲間の家族をどれだけ知っているでしょうか。ましておひとり様が多くなっている現代です。誰に連絡したらよいのかさえわからないことのほうが多いようです。

こういったときのために、仲間と話をするときに、それとなく家族の連絡先などを話題にするとか、もし心配なときは病院に一緒に行ってあげると軽く話し合っておくのもいいでしょう。誰もが発症する可能性があるので、仲間内で情報を共有しておきましょう。

認知症の方を支えるシステムが地域にどれだけあるかも確認しておきましょう。

Q22 60代です。定年を迎え契約社員になったのですが、収入が激減しました。若い頃、友人の保険レディに勧められて入った保険は掛け金が高いのです。見直したほうがいいのでしょうか？

夫が亡くなったときの生命保険が主流だった

若い頃勧められて入ったという保険は、基本である保険にそれほど選択肢があるわけではなく、様々なオプションが付いたものではないですか？

昭和の頃は男性が主な稼ぎ手で、女性は家庭にいて子育てなど家を守るという家族の形が多かったのです。

ですので、夫に先立たれた場合、妻は稼ぐ手段がなく、就職ができたとしても賃金センサスによると、男性の年収の半分くらいしかお給料をもらえないというのが現実でした。

そこで、もしものときに妻子が路頭に迷わないように、死亡時に高額の保険金が下りる死亡保険が人気でした。

貯金では、もしものときにまだ十分な額になっていないかもしれませんが、保険でしたら十分な額を得られるのです。

自分の必要に合わせて見直す

21世紀の今は長期に働く女性も多くなり、共働きの世帯が増えています。女性も稼ぎ手なので、死亡時の保険金が大きくなくても掛け金が少ないほうが好まれます。

むしろ生きるために役立つよう入院や通院時の保償を大きくするとか、後遺症が残った場合の保償を付けるといった商品が死亡保険に代わって人気です。

保険も時代につれてということでしょうか。

相談者さんも、ご自身の今入っている保険がもしものときに、何を保償してくれるのか、よく知るようにしてください。

お友だちの保険レディに勧められてとのことですので、内容は漠然としかわからなくても、お友だちなんだから悪いようにはしないだろうという信頼で、掛け金を払い続けているのだと思います。

現在、保険勧誘レディは人件費の高騰と人手不足のために、身近にはいなくなりました。若い人たちはスマホなどで手軽に保険に加入していると聞きます。

相談者さんも、自分に何かあったときに保償してほしいのは何だろうと考えて、今の保険を読み直してください。そのうえで、どうするのが一番よいか決めてください。

ただ、持病があると入れない保険もありますし、加入年齢により掛け金も変わります。難しいパズルですね。

今や保険は百花繚乱

先進医療特約付きのがん保険は、公的保険では払ってもらえないような高額になる最先端の医療技術にも使えるものです。地獄の沙汰も金次第で助かる命もあるかもしれません。

学資保険は子どもの教育資金を準備するための貯蓄性がある保険です。子どもの教育資金の一部を計画的に準備することに適しています。

民間の介護保険は生命保険会社が商品として販売している保険です。加入は自由で、保険会社の定めに応じて介護が必要になった場合に、一時金や年金が支払われます。生命保険会社ごとに商品企画が違うので、内容をよく吟味してください。

ここまで読んでいただいて内容の複雑さに頭が痛くなったのではないですか。そんな方には、保険を比較して提案してくれる街角の保険相談室などが多数ありますので、立ち寄ってみてはどうでしょう。

また、１９９０年からファイナンシャル・プランナー資格認定試験制度が確立し、資格取得者も多くいます。こちらに相談してみるのもいいかもしれません。

Q 23

「ひと転び100万円」と聞いたことがあります。私にとっては大金です。60代後半ですが、病気やケガで大金がかかるのを覚悟しなければいけませんか？

老後に備えるに越したことはありません

医療費も値上がりが激しいようです。病気やケガをすると、大きなお金がかかると覚悟しておきましょう。まだ60代とのことでお元気だと思いますが、歳をとるにつれ病院にかかる機会が増えていくのが一般的です。

たとえば高血圧は、ちょっと古いデータ（2014年厚生労働省の「国民健康・栄養調査」）ですが、75歳以上の男女とも70％以上が、血圧の基準値を超えていることがわかっています。「国民健康・栄養調査」は2023年にも行われていますが、年度によって調査結果の発表様式が違います。全年齢の高血圧とされる割合は2014年から少し上がっています。

基準値を超えた状態で医者に行くと投薬治療となります。生活習慣病、骨粗しょう症など、様々な病名がつきますが、投薬治療を選択すると薬代は毎月のことなので馬鹿にはなりません。

世界に誇れる医療制度

とはいえ、日本には世界でもまれにみるほど優れた医療制度があります。私は長いこと政権与党の悪口を言ってきましたが、医療保険や介護保険の制度をうまく作っていただいたことには感謝しています。よいことは褒めなくちゃいけないと思っています。

まずは国民健康保険などの医療保険です。企業、業種などの保険で、より手厚いサポートをするところがありますが、様々ですのでここでは取り上げません。日本は「国民皆保険」ですので保険料は負担しますが、すべての人が公費の補助を受け、安い費用で医療サービスを受けることができます。

一般的には、かかった費用の3割が患者負担、70歳を超えると2割、75歳以上は後期高齢者医療制度により1割負担になります。ただし、70歳以上からは収入により負担率が変わりますので注意してください。

これだけでも高齢者には助かる制度ですよね。

患者負担額の上限があります

さらに、高額の医療費がかかった場合は、家計の負担にならないよう高額療養費制度が設けられています。医療機関の窓口で医療費の自己負担額を支払ったあと、月ごとの自己負担限度額を超える部分につき、還付してもらえる制度です。

ご質問の100万円の医療費がかかった場合、60代の相談者さんの窓口支払い額は、3割の30万円。高額療養費制度を使うことで自己負担額は収入によって違いますが、平均的には8万7430円です。月ごとですから8月の半ばから9月の半ばまで治療に通ったなら、8月、9月それぞれの月に払わなければなりません。

詳しくは、各医療機関に医療ソーシャルワーカーがいるので相談してみてください。対応や手続きは、自治体ごと、病院ごとに違うようです。

だいぶお安くなってホッとされたでしょう。

介護保険も使えます

私は腹部大動脈瘤の手術をして医療費が３００万円ほどかかりましたが、高額療養費制度によって負担がだいぶ減りました。日本に生まれてよかったと熱い涙がこぼれましたよ。

長い入院で足腰が弱り、リハビリに通うことになったのですが、介護保険の要介護１に認定されて、半年くらいは介護保険でリハビリにかかれて元気になれました。

日本の介護保険のサービスは、芸術的なくらい手を差し伸べてくれていると思います。

Q 24

もうすぐ80歳を迎えます。このところ毎日、家で一人寂しいなあ、と思いながら暮らしています。気持ちは落ち込んでいくばかりです。昔は明るく元気だったので、その頃に戻りたいのです。

老人性うつは12人に1人

質問を読みますと老人性うつの初期症状かもしれませんね。私が対談させていただいた精神科医の和田秀樹先生によると、老人性うつになると家に閉じこもるようになり、テレビの前で一日ボーッと過ごすようになるそうです。

そんな生活が続くと身体機能や認知機能は低下します。認知症を併発したり筋力が低下して、サルコペニアになってしまう場合もあるようです。

相談者さんのような抑うつ気分の人を含めれば、老人性うつは３００万人もいると推測されているとのこと。２０２３年の高齢者人口３６２３万人と考えれば、実に12人に１人の割合です。とても多いのです。

私もうつうつとしました

今から振り返れば、あれは〈老人性うつ〉だったのかなと思う体験を私もしました。家の建て替えをした84歳の頃です。築40年くらいの家でしたが、耐震検査をしたところ、「次に大きな地震が来たら倒壊の恐れがある」と言われ、ご近所迷惑にならないように建て替える決心をしました。

それからが大変です。一時的に住む場所には入りきらないほどのモノを整理しなければなりませんでした。仕事柄、本や資料が大量にあります。思い出が染みついたモノたちも。

一つ一つ吟味して処分していたのですが、とてもつらい作業でした。大きな喪失感があり、〈片づけうつ〉になったようです。

追い打ちをかけたのは高額の出費です。有料老人ホームにでも入ろうかと貯金していた虎の子が、なくなってしまったのです。

後出の初期症状チェックを自分でやってみると、医者にかかったわけではないのですが、うつだったたと思います。

自力で脱出しました

そんな時、助手の人たちが「大丈夫、あの資料は捨てていません。あそこにあります」「お金は、まだこれだけあります」と励ましてくれました。家の建て替えをきっかけに原稿の注文も増えて、仕事をしていると不安も和らぎます。

相談者さんも仕事を見つけるとかするのは、いかがでしょう。心因性のうつは、まずは何かに、できれば好きなことに没頭すると気持ちが上がります。また、モノを食べる気がしないということで栄養バランスが悪くなり、うつ症状を引き起こす場合もあるそうなので、しっかりと栄養を摂ってみてはいかがでしょう。

老人性うつの初期症状チェック

□やる気が出ない
□集中できない
□物忘れが増えた
□疲れがとれない
□不安な気持ちが続く
□物事に興味がわかない
□眠れない、朝早く目が覚める
□食欲がない
□頭痛や肩こりなど体の痛みがある

（和田秀樹さんとの共著『うまく老いる』〔講談社〕から一部引用）

初期の自覚症状を挙げました。自分でやってみて、チェックが入った項目が多い場合は専門医を受診してください。初期なら、抗うつ剤の投薬治療で治ります。認知症より治る病気ですので元気を取り戻せますよ。

Q 25 認知症と老人性うつの症状は似ているといわれます。家族でもできる見分け方はありますか？

見分け方は、はじまりがいつか

前項でも登場していただいた精神科医の和田秀樹先生によると、うつは、いつからはじまったか「ああ、あの頃からか」とご本人やご家族が気づいている場合が多く、認知症は、いつからはじまったか判然としないことが多いそうです。

いずれにしろ、ある程度の症状が出ないとわからないのですね。

看護の専門の方にもうかがいました。

他にも認知症ではないのに、間違えられる症状として、①夜間眠れないなどの睡眠障害、②夜間に徘徊するせん妄、③発語が不明瞭な失語症などがあるそうです。

治療法も違うので、医療機関で見極めていただき、適切な治療を受けられるよう配慮してください。

認知症の症状

老人性うつについては前項で書いたので、こちらでは認知症の症状に触れてみます。こちらも現場の看護師さんに教えていただきました。

認知症は段階分けして判断するそうです。

（０）認知症なし、（０・５）疑わしい、（１）軽度、（２）中等度、（３）重度として、それぞれの特徴的な症状を書きます。

（０・５）疑わしい（境界）：新しい場所への旅行が困難。

（１）軽度：過不足ない買い物、家計、行事の段取り障害。

（２）中等度：買い物不能、自動車運転危険、入浴の促しが必要、適切な洋服選択介助。

（３）重度

やや重度：着衣失行、入浴介助、トイレの水を流さない、尿失禁、便失禁。

最重度：最大6語の言語、1つの単語のみ理解、歩行障害、着座障害、表情喪失、混迷。

ADL（日常生活を送るために最低限必要な日常的な動作）から観察していく方法とのことです。具体的なので、家族の方でも段階を見分けられるかもしれません。せめて軽度のうちに医療機関に行っていただければ、進行を止める薬も使用されるようになっていますので、家族や友人が観察して認知症かもしれないと思ったら、専門医を受診してください。次章で書きますが、地域包括支援センターをそれぞれの自治体が設置していますから、そこに相談すれば様々な情報を提供してくれます。

依存力を付けましょう

もしも認知症だったとしても、恐れずに開き直りましょう。

決して隠さず、友人やご近所に認知症であることを公表して、借りられる力は借りましょう。日本人は「人に迷惑をかけてはいけない」と思い込んでいて、老いの力になりません。人にお願いする力＝「依存力」を磨いて、助けてほしいと伝えてください。

依存力とは、ただ人に甘えるのではなく、きちんと状況を人に伝えて、他者との関係の中で失礼にならないよう、どうしてほしいかを的確に伝える能力です。その結果、相手が手を貸してくれたら「ありがとう」とお礼を言い、ダメな場合は理由を聞いて、あとくされなく引き下がりましょう。

本当は助けてほしいけれど、自分から状況を説明せず、事態を察して手を差し伸べてくれることを期待する人がいますが、世の中それほど勘のいい人は少ないのです。自分から発信していく姿勢が大切なのだと思っています。

相談者さんのようなご家族がいることは心強いかぎりです。ぜひとも依存力を付けてください。見守られているご本人も、軽度のうちなら依存力を発揮してお友だちの手を借りることができるかもしれません。

Q 26

80代前半です。一人暮らしをしていますが、80歳を過ぎた頃から料理や買い物、掃除といった家事が負担になってきました。子どもに迷惑をかけないために、老人ホームに入ることも考えています。まだまだ、一人で暮らせる気もするのですが……。

自立できるのなら、そのほうがいいのでは

調理定年についてはこの章の初めに書きました。家事については、いろいろと億劫になるものです。義務的にやっていると老人性うつにもなりかねません。ただ、食べるのは、きちっと食べてくださいね。栄養不足になる方も多いのです。これも身体的うつを招きますので絶対に食べてください。

近年はコンビニの食べ物も充実してきましたし、冷凍食品の進化も目覚ましいようです。コンビニで食べ物を調達している男性のお年寄りの姿も多くなっているようです。散歩がてら、こういった所に立ち寄って、出来合いのお弁当やお総菜を買って、食事をとることもできます。

出前は、個人のお店では人手の問題で難しくなってきていますが、出前館とか、ウーバーイーツといった会社が、様々なお店と提携して出前してくれるようになっているそうです。

味が濃いとか、カロリーが高いとか、お口に合わない問題もありますけれど、様々試してみてください。

私が奨励しているジジババ食堂も広がりつつありますので、そこに参加すれば、子どもたちのように世代を超えた人々との交流ができるかもしれません。こども食堂は全国に９０００カ所を超えるほど増えてきています。その中に高齢者も受け入れるジジババ食堂があるのです。

ホームに入るという選択

相談者さんが十分な蓄えをお持ちで、民間の高級老人ホームに入ることができるなら、それも選択肢の一つです。ただ、民間ですと倒産の危険があると知っておいてください。入居時に高額のお金を払うので、それに勝る蓄えがないと倒産されたときは路頭に迷うこととなります。

それほどの資産家ではないということであれば、年金で入ることを前提にしている低価格の老人ホームもあります。

杉並区の例でいえば、入居一時金が20・4万円、月額利用料は13・3万円が相場とのことです。東京23区でこの相場なら、地方都市はもう少し安いかもしれません。

だいたい個室で介護と看護のサービスが付いているようです。

公的施設としては特別養護老人ホーム、いわゆる特養が全国に1万1000カ所近くあります。公的施設なので倒産の心配はありませんし、他に比べれば安価です。ただ、要介護3以上の方が優先ですし、順番待ちも長いと聞いています。

杉並区には特別養護老人ホームが23カ所ありますが、2024年11月の時点で空き室はありませんでした。

おひとり様で暮らす

まだまだ自立して暮らせると思っていらっしゃるようですから、住み慣れたおうちで、おひとり様で暮らしていくという選択もあります。

わが心友、上野千鶴子さんが『おひとりさまの老後』（法研⇒文春文庫）という本を書いていますよ。最後まで、自宅で過ごしたいと本音では思っているのではないですか？

この本には、おひとり様の老後のスキルとインフラが具体的に書いてあります。お金のこと、友人のこと、住まいのこと、生涯独身のおひとり様から、家族と別れたおひとり様まで考えてくれています。

相談者さんはお子さんがいるようですから、ハーフおひとり様ですね。面倒かけたくないなどといわずに頼れるときは頼りましょう。

Q27

70歳を過ぎた頃から寝つきが悪くなりました。しかも朝は早く目が覚めてしまいます。昔は枕に頭が付くとすぐ寝てしまえたんですが……。

眠れない夜に

私自身は寝つきがいいほうですぐに眠ってしまいます。でも、若い頃、といっても50代ですが、仕事が忙しくストレスがあったせいか、なかなか眠れないこともありました。

厄介なのは寝ついたとしても夜中に目が覚めてしまい、その後なかなか眠れないということもありました。

睡眠は健康の基本です。眠ることにより、脳を、体を休めているのです。睡眠障害は健康の大敵です。

心の悩みや、何かストレスを感じることがあるのでしたら、その悩みを取り除くことで眠れるようになる場合もあります。第一歩はそこからです。

お風呂の入り方や時間、ベッドに入る前のストレッチなど、いろいろと研究されているのでしょうね。

薬を飲むという手も

試しに試して、それでも眠れないというときは、睡眠薬とはいいませんが、睡眠導入剤というものもあります。

以前、脳が休まらず眠れない日々を過ごした時、たまにですが、私もお世話になりました。

あらゆる薬には副作用がつきものです。でも、睡眠障害のマイナスを思ったら、多少の副作用を引き受けても眠れるほうを選びたいと考えたのです。人それぞれ、薬それぞれ相性もあると思います。お医者さんと相談して処方してもらうほうが安心です。

私の80代のお友だちには、睡眠導入剤より、さらに軽い精神安定剤を飲み続けている人もいます。

夜、眠ろうとしても一睡もできない日が多かったとのことで、薬を飲みはじめたのだそうです。

お医者さんと相談して、薬の用量は調整しながら飲んでいるとのことです。80代でもお仕事を続けていられるのは、ぐっすり眠れるおかげだとおっしゃっていました。

猫に癒やされています

最近よく眠れているのは、わが家の飼い猫のおかげかもしれません。

猫は4匹いるのですが、そのうちの1匹がベッドに来て一緒に寝てくれるのです。生き物の温かみ、モフモフした毛触りが気持ちよくてリラックスできるのでしょう。すぐに眠れるのです。

こちらの副作用は、自分の心地よい陣地を猫が取ろうとするので、どんどん押されてしまうことです。一度などは、押されてベッドから落ちるということまでありました。

それでも猫と一緒に寝ることはやめられません。

夜中のトイレ問題

相談者さんも、ベッドに入ってリラックスする何かを見つけてください。好きな音楽を流すなんてのもいいかもしれません。

ところで、相談者さんは夜中にトイレで目が覚めますか？　その後、なかなか寝つけないということもあるのでしょうか？

トイレに起きるのが一度くらいならそれほど問題はないと思いますが……。これも睡眠の質を下げる要素です。

夜、2度、3度とトイレに通うのでは脳が休まりません。これも長く続く場合はお医者さんと相談ですね。

膀胱も筋肉でできているわけですから、年齢とともに弾力性が落ちるのだと思います。「溜める」機能が弱くなってきます。

顔にたるみが出たり、しわが寄ったりするのと同じような現象が膀胱に起きていても不思議ではありません。

こうなるのも長生きのあかしと前向きに受け取るしかありません。

夜中にトイレに起きるのが嫌なあまり、寝る前から水分を控えるというのはよしたほうがいいようです。

水分が血液中から少なくなると血液がドロドロになり、脳梗塞、心筋梗塞の危険が高まります。

ご相談を読むと、まだそれほど深刻な状態にまでは至っていないとも読めます。早いうちから対策を考えておくのがよいかもしれません。

目指せ快眠。

コラム

〈幸齢者〉になるためには

日本の社会は、まだまだ嫌老の気分が残っています。家父長制の時代に、口減らしのために一定年齢以上の年寄りを山に捨てる〈姥捨て〉ということとは違っているのですが、政府は〈シルバー民主主義〉とかいいながら、優遇されるのは少子化対策です。

2023年4月のこども家庭庁の調査では、待機児童数は約2700人と少なくなってきましたが、特別養護老人ホームの待機者は、27万人以上もいるのです（厚生労働省2022年）。

その差は歴然と思います。

卑近な例をお話しします。私は男女共同参画、高齢者の問題で、様々な審議会の委員をさせていただきました。

特に厚生労働省の方々にはお世話になりました。

そんな中、70歳以上の委員は卒業していただこうという風潮もあるのだそうです。高齢者問題を審議するなら高齢者の委員も入れるべきだと思うのですが。決まりではないけれど、そういう空気があると生きにくいですよね。

そんな社会の中で自分自身が生きやすくなるため、〈幸齢者〉になるための10の秘訣を考えてみました。

以下に掲げます。

①老い方は人それぞれ。だから、人と比べない
②高齢期こそ、既存の価値観から解放されて、自由に生きよう
③「意欲」は死ぬまで枯らさない
④老けたくなければ引退してはいけない
⑤「正常値」至上主義の医者からは、ヨボヨボにされる前に逃げよう

⑥しっかり肉を食べて腹九分目

⑦財布は一生手放さず、もっと自己主張を

⑧人とのつながりを大切に、助け合い、認め合う

⑨どんな状況でも、「誰かのために」という発想が自分を救う

⑩先の不安より今を生きよう、楽しもう

生きにくい空気があれば、もっと怒りましょう。

高齢者人口は3割を超えているのですから、みんなで声をあげれば、きっと社会も変わります。

第6章

上手に介護を受け入れよう

Q 28

最近、物忘れが激しくなり、通いなれた場所でも道に迷ってウロウロし、約束していた友だちを1時間以上待たせるということを経験しました。移動はバイクが主なのですが、このままいくと事故を起こすとか誰かの助けを借りなければ生きていけないかもしれないと不安です。

まずは早期発見

認知症のことは、この本の中で何度か触れました。日常生活で、できていたことができなくなる段階で、境界、軽度、中等度、重度（やや重度、最重度）といった段階分けして考えられているようです。

認知症は脳の病気です。軽度のうちに医療機関にかかり治療を受ければ、進行を遅らせる薬もあるので多少の不便があるかもしれませんが、自分らしく生きていけます。世界中に認知症のお年寄りが増えているのですから、近い将来、治す薬も開発されると思います。

相談者さんは今までできていたことができなくなったのですから、不安だと思いますが、「病気なんだから、なったらなったで仕方ない」と開き直ってください。

そして、まだ普通にできることはいっぱいあると、そこに磨きをかけていくのはどうでしょう。

周りの方に知ってもらう

病気が特定されたら、周囲の方に「軽い認知症にかかったの。いろいろ助けてくださいね」と告げてください。ご家族がいらっしゃるなら、ご家族にも「周りに隠さないでね」と言っておきましょう。

自分が手を伸ばせば、他者は手を差し伸べてくれますよ。前にも書きましたが、私はこの力を〈依存力〉と呼び、歳をとるには必要な力と思っています。

歳をとれば、ヨタヘロするのは当たり前。認知症の人でも、周りの人の手を借りながら、人としての尊厳を保ち明るく生きていく、自信をもってボケられる。そんな社会を皆で作っていきましょう。

少し進行しても大丈夫

認知症が社会で恐れられているのは、自分が自分でなくなってしまうことへの恐怖なのではないでしょうか。

特に尿失禁、便失禁の段階になると、介護する人に申し訳ないと思ってしまうでしょう。でも、悩まないでください。日本の技術力は大したものです。

２０２３年10月の「高齢社会をよくする女性の会全国大会in大阪」で、「排せつケアが暮らしを変える～失禁は誰にでも起こり得る」という分科会が開かれました。

尿漏れパッド、吸水付きのショーツ、ショーツ型のパンツスタイル紙おむつなど、形態もバリエーションが豊富です。こういったものを利用すれば、介護する方も楽だと思います。消臭効果もあります。行動範囲を広げるのにもいいと思います。

グループホームで暮らすことも

認知症で要支援２または要介護１以上の認定を受けた方は、グループホームに入居することができます。グループホームは認知症のある高齢者が、スタッフの介助を受けながら共同生活を送る施設です。ユニットと呼ばれる最大９人の少人数グループに分かれ、スタッフのサポートを受けながら、家事などを役割分担して共同生活を送ることができます。地域密着型サービスに分類され、一般的には有料老人ホームより費用がかかりません。

顔見知りのメンバーと家庭的に生活するので、認知症ケアに適した環境です。スタッフも担当制で、それぞれの状況に合わせた認知症ケアが受けられるのです。こういった様々な保護の中で生きていけます。どうぞ安心してボケてください。

Q 29

80代半ばです。少しヨタヘロしてきました。近所の方が、地域包括支援センターというものがあると教えてくれたのですが、どのように役立てればいいのでしょう？

高齢者の強い味方です

地域包括支援センターは介護保険法で定められて設置された、高齢者に関する困り事について相談できる公的窓口です。

市区町村が設置するのですが、厚生労働省は人口２～３万人に対して１カ所を目安に設置するよう推奨しています。センターの設置数は、２０２３年４月時点で全国に５４３１施設です（厚生労働省老健局認知症施策・地域介護推進課調べ）。だいたい公立高校と同じくらいの設置数ですので、きっとお近くにあると思います。

対象地域に住んでいる65歳以上の高齢者、またはその支援のための活動に関わっている方が利用できます。まずは、お住まいの地域のセンターの場所と電話番号を把握しておきましょう。

市役所の市民課や最寄りの警察署、郵便局などで教えてもらえると思います。〈地域包括支援センター〉という名前を覚えてください。地域によっては、〈高齢者あんしんセンター〉〈高齢者センター〉など別の名前で設置しているところもありますが、やっていることは一緒です。

離れて暮らす親御さんなどの心配事も相談できます。親御さんの住まいのある地域のセンターに相談してください。

どのように役立てるか

地域包括支援センターでは以下の４つの業務を行っています。

①介護予防ケアマネジメント　要支援認定を受けた方や支援や介護が必要となる可能性が高い方に、介護予防ケアプランを作成してくれます。具体的には、

「運動器の機能向上」「栄養改善」「閉じこもり予防」「認知機能低下予防」「うつ予防」などの介護予防サービスを紹介し、参加を促しています。

②総合相談　高齢者の困ったことに対して、必要なサービスや制度を紹介し、幅広く相談に乗ってくれます。

③包括的・継続的ケアマネジメント　高齢者にとって暮らしやすい地域にするため、医療・保健・介護分野の専門家から地域住民まで幅広いネットワークをつくり、そこで暮らす高齢者のお悩み解決の支援をします。ケアマネジャーによる日常的個別指導・相談も行っています。

④権利擁護　高齢者の方が安心して生活できるように、たとえばお財布の管理ができなくなった方に、金銭的搾取や詐欺から身を守るための成年後見制度の活用をサポートしたり、虐待被害の対応を行ったりと、高齢者の権利・尊厳を守る取り組みをしています。

（厚生労働省のホームページを参照）※一部抜粋しました。

些細なことでも相談を

地域包括支援センターでの相談は、行政サービスですので無料です。そこで紹介された施設などの利用は有料になる場合が多いので、利用するかどうかは相談する方が決めてください。

「こんなことでも相談できるのかな？」と思う小さなことでも、何でも相談してみることをお勧めします。

私が、ずっと願っている高齢者が暮らしやすい地域づくりを推進してくれる場所でもあります。

たとえ認知症になっても安心して暮らせるよう、地域包括支援センターに気軽に行くことによって地域のネットワークに参加してください。

Q30 地域の「シルバー人材センター」はどういった所なのでしょう？ どのように利用するのが賢いですか？

シルバー人材センターとは

公益社団法人全国シルバー人材センター事業協会によると、「高年齢者が働くことを通じて生きがいを得るとともに、地域社会の活性化に貢献する組織」とシルバー人材センターを位置づけています。

社会参加の意欲のある健康な高齢者に、地域社会と連携を保ちながら、その希望、知識および経験に応じた仕事を提供してくれます。ただ、仕事の依頼があったときですので、常時働けるとはかぎらないのですが。

また、ボランティアとしての活動機会を確保し、高齢者の能力を生かした活力ある地域社会づくりに寄与することも意図しています。

原則として60歳以上であれば、会員になるのに年齢制限はありません。実際に80歳以上の方も会員としてお仕事をしています。

お住まいの地域のシルバー人材センターに入会申し込みをし、承認されれば年度会費（１５００円くらい。地域によって違います）を払って入会します。

シルバー人材センターは１９８０年度から国の補助事業として全国的に事業展開され、各市区町村での設置が相次ぎました。

１９８０年12月、情報交換・経験交流等を図ることを目的としたシルバー人材センターの全国組織として「全国高齢者事業団・シルバー人材センター等連絡協議会」が発足しました。

１９８６年には「高年齢者等の雇用の安定等に関する法律」の成立により同法に基づく法人として労働（厚生労働）大臣に指定され、２０１２年の公益法人法の改正により、公益社団法人全国シルバー人材センター事業協会になり、ここに情報が集約されました。

長く生きれば働き方も、働くことの意味も変わる

紹介してもらえるお仕事は、「大工、塗装、水道」「ふすま・障子・網戸の張替」「植木剪定」「ハウスクリーニング」「家事／育児／福祉サービス」「一般事務」（杉並区の例）と多種多様です。

若い頃働いていた方はその経験を、ご家庭にいた方でも、そのスキルを生かす仕事があります。

シルバー人材センターでの収入は、一定の配分金の保障はありませんが、月8〜10日就業した場合、月額3〜5万円程度が全国の平均収入です。

このところ時給がアップしているので、将来的にはもう少し上がるかもしれません。

「臨時的・短期的な就業（月10日程度以内）または軽易な業務（週20時間未満）」の範囲内の就業となります。

また、シルバー人材センターで収入を得ても年金は受け取れます。この収入は雑所得となるため、確定申告が必要となる場合があります。

働くばあさん＝ＨＢ（ハッピーばあさん）

全国の１３００を超えるシルバー人材センターでは、現在、約24万人の女性会員が「いきがい就労」を通じた地域社会貢献に活躍しています。働けば、大金は稼げなくてもお財布にも優しく、社会参加して多くの知り合いもできるかもしれません。

センターに登録すれば、仕事に就くために、面接に出向いたりすることも必要なくなります。

会員の希望により、サークル活動などを企画しているセンターも多いようです。ボランティア活動にも参加できます。

家に閉じこもりがちな高齢者にとって、社会に開く窓になるかもしれません。

70代、80代の人でも会員になれます。まずは、入会案内の資料を取り寄せてみませんか。

働くばあさん（ＨＢ）が増えれば消費者にもなるので、新たな市場が生まれて同世代に喜ばれる商品が増えます。

たとえば、これまで高齢者の衣服は地味なものが多かったのですが、カラフルな色を好む高齢者が多ければ、カラフルな服が売れます。そういったことを通じて、社会が明るくなっていくのです。

Q 31

長年仕事の関係で、東京と大阪で離れて暮らしていた夫が脳梗塞で倒れ、介護は大阪の愛人にしてもらいたいと言い出しました。私は子どもも大きくなり地域の友人もいるので、大阪に行きたくはありません。でも世間体が……。

パートナーは単身赴任生活を楽しんだのですから

相談者さんは共働きだったのかもしれませんね。お連れ合いが大阪に転勤になったといっても、一緒に行く義務はありません。相談者さんは、ご自身のお仕事に自分の生きがいを感じていたのでしょう。

パートナーが単身赴任してくれれば、日常生活に夫の束縛はなくなりますが、子育てを一人で乗り切ったのはご立派というほかありません。

まさに「亭主元気で留守がいい」と思っていらしたんでしょうね。

いざ介護の問題が現実になったとき、これまで安泰に暮らしてきた足元が、法律上の夫婦というだけで崩れてしまうのはもったいないかぎりです。

世間体が悪いとお考えですが、世間は時代によって変わります。じっと我慢の妻のほうが世間体が悪いかもしれませんよ。

自分の気持ちと向き合って

お連れ合いが「介護は大阪の愛人にしてほしい」と思っても、その愛人の方はどう思っているのでしょう？　愛情をもって介護をしてくれるなら、相談者さんが大阪に行って介護する必要はないと思います。

せっかく子育てが終わり、地域の友人との交流で楽しい人生が送れるのですから、介護は愛人の方にお任せして今まで通り暮らしたらどうでしょう。

相談者さんのお気持ちの中は、長年の信頼を夫に踏みにじられた思いでいっぱいなのではないですか。

世間体を気にして、大阪に行って介護するなりしても、「嫌だ、嫌だ」という気持ちなら介護する人もされる人も不幸でしかありません。

離婚という選択肢も頭をよぎるのではないですか？

離婚の際は慰謝料や財産分与を考えて

夫の浮気が原因で離婚すると慰謝料を取れますが、弁護士によると相場は50万円から300万円と、思いのほか少ないのです。

離婚となると、婚姻期間中に築いた財産は夫婦の共有財産とみなされます。夫婦が婚姻期間中に納付した年金も同じです。

たとえば相談者さんが現在住んでいるおうちは、夫と共有名義ではありませんか？　夫の単独名義であれば、なおさら面倒です。

預貯金、株券など、形式上すべて名義人の財産になり、実態がどうかは裁判で決めていかなければなりません。相当の気力がいります。

愛人の方だって、どれだけ長い期間、介護をするか予測が立ちませんので、安心の担保にお金は必要でしょう。

離婚したら住む家がなくなったなんて、離婚をしても気持ちがスッキリというわけにはいきそうにありません。

お金のことは、しっかり決めて

離婚を選ぶか、形式上の夫婦を続けるか、弁護士など専門家に相談して、相談者さんに不利にならないようにしてください。文書に残しておけばよいでしょう。ただ、お連れ合いが十分な介護を受けられるだけの財産分与になるよう配慮できれば、そのほうがいいでしょう。

大きくなったお子さんがいらっしゃるとのことですので、お手紙でもよいから現状を知ってもらいましょう。父親の介護を拒否する冷たい母親だと思われないことが必要です。

ご友人にも隠さないほうがいいでしょう。今の世の中、不倫にはかなり厳しい評価が下されるので、相談者さんのお気持ちに寄り添ってくれますよ。

Q 32

60代後半ですが、交通事故に遭ってしまい車いす生活です。一人娘が何くれとなく面倒を見てくれていたのですが、娘の夫の両親が老老介護の末、共倒れになってしまい、こちらは夫と二人で分担して介護するそうです。交通事故の賠償金で経済的には安定しているのですが、これからどうなるか不安です。

同時多発介護勃発

まずは、交通事故に遭われたことを心よりお見舞いいたします。

経済的に安定しているというのは何よりです。娘さんもお優しい方のようで、精神的にも安定されていたのですね。

ただ、長寿社会になったうえ、少子化で子どもの数は少なくなる一方です。娘さんは30代から40代と推測しますが、この年代は夫婦双方の両親が健在で、介護リスクを抱えています。

娘さんもお婿さんも働いているのだと思いますが、その合間を見て、ご両親二人の介護をするのは並大抵のことではないと思います。

私は以前からこの介護リスクを〈同時多発介護〉と名づけて危惧していたのですが、まさに娘さん夫妻にとって現実になってしまったのですね。


受けられる介護サービスは様々用意されています

近年、介護離職を防ぐため、企業は様々な従業員のための制度を作っています。介護休暇も取りやすくなっていると思いますが、介護は育児のように「あと5年」というようなゴールが見えません。

お婿さんのご両親の年齢はわかりませんが、介護生活20年くらいになるかもしれないのです。

相談者さんも、まだ60代とお若いので、娘さんは20年以上の介護を覚悟されていると思います。お子さん世代と共倒れにならないためにも、上手に介護保険のサービスを使ってください。

相談者さんの介護認定は要支援2くらいですか？　経済的に安定しているといっても年収ではないので、1割負担で様々なサービスを利用できます。電動車いすにして、買い物などはご自分で行けるようにしてください。

訪問看護、デイサービス、ショートステイを上手に組み合わせ、介護者の負担を減らしましょう。

家の中には手すりを付けて、なんとか、つかまり歩きができるようにリハビリできませんか？　ケアマネジャーさんと相談してみて、いろいろなサービスを利用してください。

介護保険外の在宅支援サービスも利用

介護保険で使えるサービスを用い、それ以外は民間が提供する介護サービスを利用できます。民間のサービスは100％、自己負担です。

家事やハウスキーピングサービス、入浴介助から、病院への付き添い、話し相手など様々な在宅支援サービスが用意されています。地域のシルバー人材センターにも同様のサービスをお願いできます。

要は、相談者さんができるだけ娘さんの手を借りずに生活できるよう情報を集め、お財布と相談しつつプログラムすることです。

家族には精神的支えをお願いして

相談者さんがここまでの意欲を示せば、ケアマネジャーさんも一緒に考えてくれますし、負担を軽くしてもらえた娘さんも無理な身体介護をすることがなくなり、精神的な介護に熱心になってくれるでしょう。

今のスマホはビデオ通話もできると聞きます。たとえ会える時間が少なくなっても、顔を見てお話しすれば心が和むものです。

相談者さんの介護ノウハウをお婿さんのご両親が情報として使い、ご自分たちの使えるサービスを組み合わせて介護者に配慮してくれれば、共倒れになることはないかと思います。

介護する人、される人ともに笑顔でなければ長期戦は乗りきれません。介護保険制度はよくできています。大いに活用してください。

Q 33

70代後半で脳梗塞になり命はとりとめたものの、一人では暮らせない麻痺が残りました。50代の次女と長男は東京で働いています。私の介護は地元で就職している長女一人の役割になりました。介護生活が長くなり、娘にイライラが目立つようになりました。私も気の毒だと思うようになりましたが……。

介護する方の気持ちを大切に

すでに長期戦の介護になっているのですね。娘さんの疲弊するお気持ちは痛いほどわかります。

もしも、子どもさんがお一人なら、「私がやらなきゃ」と思えたかもしれませんが、他にごきょうだいがいるとのことで、「なんで私ばっかり」という思いもあるでしょうね。

でも現実には、お一人の肩に介護の負担はかかっているのです。手っ取り早くは、相談者さんが介護保険のサービスを上手に使って、娘さんを一休みさせてあげてください。

たとえば相談者さんがショートステイに行けば、娘さんに自由な時間ができます。旅行にだって行けるかもしれません。

あるいは、民間の介護支援サービスは高額になりますが、家事や見守りサービスを提供してくれるので、そういったサービスを利用すれば、介護する人は自分の時間をもてます。

１カ月に１、２度、自分の時間がもてれば、介護者はずいぶん楽になれます。

きょうだいは他人のはじまり

長期戦になっているのなら、ごきょうだいが協力を申し出るのが当然です。悪く考えれば、遠方で働いていることを口実に介護から逃げているのかもしれません。

かといって、きょうだい平等に相談者さんの介護をすればいいということにはなりません。新しい家族との生活に、今度は相談者さんがいらぬ気遣いで疲弊してしまいますもの。

介護はする人される人、どちらもハッピーな形が望ましいのです。

介護費用はどうなっていますか？　お連れ合いのことが書かれていないのでわかりませんが、すでにいらっしゃらないと考えて話を進めます。

70代後半で要介護状態になったとのことですので、すでにフルタイムのお仕事からはリタイアされていましたか？　いずれにしろ、資産はあると考えます。

相続のことも視野に入れて

相談者さんに、もしものことがあったときは、法定相続はきょうだい平等です。でも介護のことを考えると、3分の1ずつは、むしろ不平等に思えます。

相続でお子さんたちがもめないよう、今のうちに遺言を書いておくのはいかがでしょう。もちろん介護をしてくれている長女に多く相続財産が渡るようにしておくのです。

その内容は東京のお二人にも知らせてください。ご相談者さんの財産ですから、割合を決める権利がありますよ。東京のお二人は介護を任せきりにしていたのですから、その決断に異議を唱えることはないと思います。

相談者さんがいろいろ工夫して長女の体を、気持ちを楽にしてあげてください。そして感謝の言葉、「ありがとう」をできるだけ言いましょう。家族だから言わなくてもわかると思っているかもしれませんが、言葉に出さないと伝わりませんし、言葉にすれば聞いた人の心は和みます。

長期の介護に必要なのは一定の時間的余裕と他者の協力です。他者の協力は介護保険と民間サービスを利用することでも得られます。東京のお二人には経済的協力もお願いしましょう。

相談者さんが呼び掛けて、きょうだいで話し合うように促してください。

コラム 地域の中の高齢者

2025年、第2次世界大戦後のベビーブーマー、いわゆる団塊の世代が後期高齢者になります。

これは〈2025年問題〉といわれ、雇用や医療、福祉といった様々な分野に大きな影響を及ぼすと予想されています。総人口の約18％を75歳以上が占めるという超高齢社会となるのです。

厚生労働省のレポートでは、

・年間死亡者数：約160万人（うち65歳以上約140万人）。火葬場や埋葬場所の問題。

・高齢者世帯数：約1840万世帯。約7割が1人暮らしか高齢夫婦のみ（うち約680万世帯・約37%が1人暮らし)。介護の問題。
・認知症高齢者数：約320万人。今後急速な増加が見込まれる。

こういった社会が予測されています。

これらの対策として、社会保障体制の見直しと介護人材の確保が急務とされます。

レポートは、社会保障制度は地域包括ケアシステムを強化するとしています。

社会保障も介護も私の関心分野です。私の構想を書かせていただきます。

人は地域で育ち、地域で働き、地域で老いる、ということが多いので、地域のネットワークで高齢者が生き生きとする社会が実現するといいと考えています。

家に引きこもらないで、街をヨタヘロと闊歩する高齢者像が浮かびます。中には認知症の高齢者もいます。でも、皆が笑顔です。

これを実現するカギは地域創生と女性活躍だと思っています。

どのような街づくりをすれば、高齢者が幸せな街になるかは市区町村議会の女性議員が構想するほうがよいのではないでしょうか。

女性のほうが長寿なので、街を歩く高齢者には女性が多く、女性の発想が必要なのです。

でも残念ながら、内閣府男女共同参画局が2023年6月に作成したレポートによると、女性議員が0の市区町村議会は全国に257もあります。さらに平均で、都道府県議会での女性議員割合は14・5％（内閣府男女共同参画局「全国女性の参画マップ2023」）、市区議会議員が18・1％、町村議会議員で12・2％と20％にも届いていません。

施策の方針決定の場に女性の姿があり、のびのびと発言することが必要と思います。

各政党とも選挙にはぜひ多くの女性候補を立ててください。投票する方々も女性議員候補の応援をよろしくお願いします。

第7章
考えておかなきゃ、葬儀とお墓

Q 34

70代後半です。父が建てたお墓があります。父は三男坊で、実家のお墓は栃木県にあります。父は東京に働きに出て、そのまま住みついたので、お墓は生前に都内に建てていたのです。亡くなった際には、このお墓に入ったので、父は満足したと思います。でも私は子どもがいないので、墓じまいしようかどうしようかと考えはじめています。何か考えておくべきことがあったら教えてください。

墓じまいしました

昔ながらのお墓は、〈先祖代々の墓〉でした。でも近年は、家族ごとにお墓を建てる形になっているので、このまま家族の墓が増えていけば、狭い国土に人口が多い日本は、墓だらけになっていくかもしれません。そんな中で、墓じまいという考え方が出てくるのは当然のことかもしれません。

実は私も実家の墓じまいをしました。

私は、早くにきょうだいを亡くした、実質「一人っ子」です。自身の子どもも一人っ子のため、自らを「一人っ子のベテラン」と称しています。相談者さんも一人っ子のようですね。

私の実家である「柴田」家の墓は都内の寺にあります。両親と、私が生まれる前に亡くなった姉と中学生の頃に亡くなった兄ら、計5人の遺骨が納められています。このお墓を「一人っ子」として守り続けてきました。

でも、お寺から「合同慰霊塔を作ったので、お墓を移したい方はそちらに」という話を聞き、娘は墓守りを受け継ぐのは嫌だと言いますので、いろいろ考えて墓じまいする決心をしました。

実際に経験してみると

金額は、お寺によっても違うらしいのですが、私の場合、遺骨1柱あたりに費用がかかり、5柱だと結構な金額になりました。でも後顧の憂いを残さないよう契約しました。先日墓じまいの法要を行い、無事5柱を合同慰霊塔に納めました。

私自身もそこに入れてもらうことになります。

高齢社会をよくする女性の会では、葬儀やお墓の話がよく話題になります。

新潟で墓じまいをされた方のお話をうかがいました。

新潟なので1柱あたりの金額は東京より少しお安かったようですが、お墓の中には知らない先祖の遺骨を含めて18柱あったので、総額はかなりの額になってしまったとのことです。先祖代々の墓ですと、こういったこともあるので気をつけなければなりません。

日本だけではない、世界でも

10年ほど前に、高齢社会をよくする女性の会役員5人で北欧を旅しました。ノルウェーやスウェーデンの福祉事情を見聞したのです。その時、お墓事情も聞く機会がありました。お墓の前で、お棺に入るというパフォーマンスもいたしました。「不謹慎です」と叱られましたが。

スウェーデンでも墓じまいは行われていました。ただ、行政がするのです。街には公営の霊園がありました。そこと契約し、埋葬されたあと20年から30年、つまり一世代の年月がたつと墓じまいとなり、新しい方が埋葬されます。受け継ぐ意思をもつ子孫がいれば延長できます。非常にスムーズにいっているようです。

人は、地域で育ち、地域で働き、地域で眠る。「育つ」「眠る」は行政が配慮すべきことだと思います。霊園の場所を提供して、地域住民と契約し、管理する、そういうことを市区町村でやっていただきたいと考えています。これからは、地域とお墓という考えが一般的になるのではないかと、今後も研究して提案していきたいと思います。

東京都では多磨霊園などの公営だと、もう少し墓じまい費用も安いようです。もっと身近に公営の霊園を作っていただきたいところです。

相談者さんも情報を集めて、損のないように考えてくださいね。

Q 35

私は墓にとらわれない考えです。樹木葬などでいいとも考えています。でも「夫の墓」があるのです。子どもに負担をかけないためには、どうしたらいいでしょう？

考えましょう、葬儀の実質

まずはご自身に「もしものこと」があったとき、お子さんたちが慌てないよう、また、数人のお子さんがいらっしゃる場合は、意見の相違で険悪にならないよう、ご自身でどのような葬儀、埋葬を希望しているかを遺言のように文書にしておきましょう。

近しい人の死を悼む形は長い歴史の中で培われてきました。

大人数が参列するお葬式がお通夜と告別式の2回に分けて行われることも多く見られます。これは相互のコミュニケーションが近い距離だった頃からの習俗といえます。

お葬式は、かつては相互扶助でした。葬儀の裏方さんも、たとえば住んでいる村とか町内会の方が活躍してくれました。

地域のコミュニティが弱くなった都市部では、葬祭ビジネスがそれに代わっています。

ご葬儀は亡くなった方が所属していたと思われる宗派により決まりがあり、読経をしてくれるお坊さんも葬儀屋さんも、その宗派のやり方に従います。

でも、相談者さんはご自身が何宗に属しているか考えたことがありますか？

お連れ合いを亡くしているようですから宗派はご存じなのでしょうね。

次世代はどう考えるでしょう

お子さんに負担をかけたくないと書いていらっしゃいます。拡大する一方のお葬式は、お金も相当かかります。お香典があるとはいえ、「半返し」が常識のようですので手間もかかります。

「葬式代くらいは残さないと」という保険のコマーシャルがあるほど、老いの世代は心配してしまいます。

でも、本当にそれが常識なのでしょうか。

この問いはコロナ禍で「葬の風習」が一変したときに、多くの人の頭をよぎったと思います。

新型コロナの流行以降は家族葬が中心になりつつあります。最初は、おかしいと思ったかもしれませんが、「これでいいのかもしれない」と考える方が増えています。

お子さんの世代は初めからそう考えているのではないでしょうか。「お葬式に大金を使う必要はないかも」と。

ですから、「私のお葬式は、盛大にやってね」といった願いがあるのであれば、葬式の代金くらいは残しておいたうえ、ご自身の考えは遺言として残しておけばいいと思います。

簡易のお葬式でも妙な感じはもたれません

２０２４年３月の調査では、新型コロナが下火になった２０２２年以来、家族葬が約半数、一日葬と直葬・火葬式がそれぞれ約１割です。一方で大勢が参列する一般葬は約３割となり、過去の常識ではないお葬式の形が当たり前になりつつあります（鎌倉新書調べ）。

同じく鎌倉新書の調査によると、一般葬は１６０万円超、家族葬は１００万円超、一日葬、直葬・火葬式なら50万円前後が平均的だとのことです。直葬・火葬式を選んだ方の中には、お別れの時間が短かったなどの後悔をもたれている方もいらっしゃいました。

いずれにしろ、火葬は行わなければなりません。ご遺体をそのまま埋めるのは、条例で禁止されている地域が多く、感染症などの公衆衛生上も好ましくないようです。

お墓に関する問題も考えておきましょう

ご葬儀が無事終わっても、次はお墓の問題が待っています。家の近くの墓地に埋葬されれば、ご遺族が行きやすいかもしれません。

でも、お住まいから遠方の場合はそうもいきません。お彼岸、お盆、命日など、お寺との付き合いは長く続きます。

ご遺族にしてみれば、そのたび時間をかけてお墓参りに行くのは、ご負担かもしれませんし、信仰心が篤くない次の世代の方もいらっしゃるでしょう。

相談者さんが亡くなったあと、お墓を守っていくのはお子さんになります。お子さんが「お墓」について、どのように考えているのか、あなたがお元気なうちに話し合っておくことをお勧めします。

近頃は、若い世代はお墓など負担だと思っていると思い込んで、早々とお子さんの考えも聞かずに墓じまいしてしまう親世代も多いようです。でも、そういう考え方の人ばかりではないと思いますので、よく話し合って決めていくことが大切です。

お連れ合いの墓がすでにあるということですが、先祖代々の墓でしたら、ご親戚と相談して永代供養の検討をしてみるといいでしょう。

Q36 「海洋散骨」「樹木葬」や「墓じまい」に対して、どのような思いを抱いていらっしゃいますでしょうか？

弔う形は変わっています

先にも書きましたが、日本は狭い国土に人口密度が高い国です。これまでのように家族ごとに石のお墓を建てる形でお墓が増えていけば、墓だらけになってしまうかもしれません。

２０２５年に日本で人口が突出している団塊の世代が、すべて後期高齢者になります。

２０２２年１月の段階で団塊の世代を含む70歳～74歳の人口は９６４万人。総人口に占める割合は約７・６％とかなり大きな集団です。

この方たちが、ここ10年から20年でお墓に入ると考えると、伝統的なお墓の形が続くとは到底考えられません。

葬儀もお墓も「弔う」形は変わっていくと思います。

すでに変わっているものもあります

墓石には「○○家之墓」と刻まれますが、すでに家族はバラバラです。悪い意味ではなく、かつてのように家族や親族が同じ地域に住んでいて、何かといえば集まって助け合っているという風景は、特に都会では見られないのです。

法事で親戚が集まったら、知らない人ばかりだったということも笑い話にならない時代です。

現在ではお墓のアパートのようなものも一般的になりつつあり、故人の個人としての弔いの形になっています。

遺骨はこのアパートで供養するのですが、よく見る大きな骨壺では入りません。小ぶりの骨壺に移して安置してくれます。はみ出た遺骨はお寺なりが処分することになります。

さらに、告別式後の焼き場で、お骨を拾う際に初めから小ぶりな骨壺に入れる形も増えているそうです。

生前に選択できる弔いの形

これからの亡くなった方への供養の形は、家に縛られず、個人の考えによって決まると思います。

もちろん信仰心の篤い方は、それぞれの宗派、教団の考え方や様式もあると思いますので、それに倣うことも自由です。

最近の皆さんのお話によると、人気が高いのは海洋散骨と樹木葬です。それぞれの実態を見てみましょう。

海洋散骨は遺骨が自然に還る感覚が魅力ですね。それぞれの提供会社により様々な企画が考えられているようです。

クルーズ船を借り切って、その定員だけ乗船すれば一定の料金です。一例をあげれば、定員6名で12万円ほどです。代理散骨だと散骨には立ち会えませんが、5万円で済みます。会社によって、ハワイで散骨するとか様々なプランがあります。

メリットは、一度セレモニーをしてしまえばお寺などに払う納骨後のお布施は必要ないことです。デメリットは、お墓のように供花や手を合わせる場所がないことです。海にも散骨スペースがありますから、海を見つめて手を合わせることでよいのではないかとも思います。

樹木葬もイメージは大木の根もとに散骨してもらい自然と一体になるというものですが、霊園やお寺の中に墓石に代えて植物を植え、そこに散骨するという形も多いようです。東京の相場は30万円から50万円と少しお高いです。地方都市などでは20万円台もあるようです。

ご自分の最期を生前に決めておいて契約することもできます。

ご自分の最期は自分で決めるのは気分のいいことです。

Q 37

最近のお葬式は、以前のように大人数が集まるものは少なくなっているようです。私も葬儀は家族葬でいいとも思っていますが……。

コロナが変えたお葬式の風景

最近訃報をいただくと、「葬儀は家族葬で済ませております」と書いてあるものが多いようです。コロナ下では大勢の人が集まるのは好ましくないと、強制的にお葬式は血縁だけが集まる少人数のものになりました。

そして何だか「この形でもいいいんじゃない」という気持ちが社会の中に生まれたように思います。

お葬式は故人を弔う風習なのですが、弔うとは「人の死を悼み、その喪にある人を慰める」両方の意味があります。故人だけではなく、故人の遺族に対しても行う行為です。いつしか弔うことが形式的になってしまっていたように感じます。

昔ながらのお葬式は、自分が参列した伝統的なお葬式のイメージや業者の勧める形にとらわれて、弔いの本質を見失ってはいなかったでしょうか。

統計上も増えています

前にも引きましたが、2024年3月の調査では、新型コロナが下火になった2022年以来、家族葬が約半数になっています。

一方で大勢が参列する一般葬は約3割と家族葬が逆転しているのです（鎌倉新書調べ）。

まだ、業者は旧来の形を〈一般葬〉というようですが、今や家族葬が一般になっていることが統計でもわかります。

コロナが本当は下火になってはいないのですが、大勢が参列するお葬式もできるようになってきました。でも、これが主流に戻ることはないのかもしれません。

周りの方の意思も確かめておきましょう

相談者さんは、こういったことをよくわかって、家族葬を選択しようとされるのでしょう。

ただ、お葬式について伝統的な形が当たり前と信じているご親戚もいらっしゃるかもしれません。「何かケチくさい感じがして世間体が悪い」と思われているかもしれません。そういった方との軋轢を避けるためにも、よく話をすることが大切です。

そんなときのために、前掲のような統計や弔いの意味を話題にするのもいいと思います。

お葬式は相互扶助でもありました

大勢集まるお葬式にもメリットはあります。

かつて人が多く村社会に住んでいた頃は、お葬式は助け合いの気分に満ちていました。お清め会食などのお手伝いからお香典までの相互扶助です。家族葬にすると、この恩恵は受けられません。

でもお香典をいただいても、半返しなどのこともあって気持ち的に面倒です。

また、お別れに来てくださる参列者の方々には、お葬式を機会に故人の知り合いが集まって旧交を温められるという期待があるかもしれません。それは故人の功徳でもあります。

遺族の悲しみを和らげるため、相談者さんのご友人も駆けつけてくれるかもしれません。

でも、これらはお葬式の時にしかできないことではありません。

このために莫大な費用をかけるのも考えものです。故人のご友人のためには会費制の偲ぶ会を企画することもあるようです。

相談者さんのご友人とは、別に会う機会をもてばよいでしょう。故人の思い出などを聞いてもらいましょう。

コラム 顕彰制度をはじめました

今から20年ほど前、赤松良子さんが官界を引退する記念に、退職金の一部を使って「赤松良子賞」を作りました。

期間限定であっても女性の活動を励ますことができたらいいというその心意気に触発されて、私も思わず「やるわ！」と叫んでいました。当時まだ70歳になったばかりの頃でした。

私も他の先輩方に比べれば大した仕事をしたわけではありませんが、女性団体などから個人として表彰され、賞金をいただくようになりました。ソロプチミストの賞、エイボン女性大賞、津田梅子賞など、こうした賞金を別建てで貯金していたら、いつのまにかまとまった金額になっていました。

この賞金を「私が死んだら何か有意義なことに使ってほしい」と高齢社会をよ

くする女性の会の方々に話をしていたのですが、ちょうど会の世代交代に取り組むことになった時に、役員の中から「樋口恵子賞」という顕彰制度を私が生きているうちにはじめようという提案があり、あっという間に具体化したのです。

私としては、「樋口恵子賞」という自身の名を冠した名称には抵抗がありました。女性の名前のついた賞は、平塚らいてう賞、津田梅子賞などがありますが、皆さん社会的に高い評価を得ておられ、かつすでにお亡くなりになっています。自分の名前を冠した賞を創設するなんて、目立ちたがり、売名的だと批判されるのではないかと思いました。

そんな時、思い出したのが、「赤松良子賞」でした。

ささやかな発見や小さな活動を踏み出した勇気に注目し、いいねと声援を贈る。私も「他人のファインプレーを応援しよう」と覚悟を決めました。私は資金提供するだけで審査員に名を連ねることもなく、実施は実行委員会にお任せしています。

2022年の第1回の募集には122通もの応募がありました。どの活動も独自の視点で地道に行われていて「あっぱれ!」と拍手を贈りたいものでした。厳正な審査を経て2団体と1個人が選ばれ、表彰式では賞状と賞金を授与されました。そして今年(2024年)は、第3回目の募集を行い、この本が刊行される頃には、受賞者が決まります。

実行委員会にはこれからもいくつものファインプレーの事例が蓄積されていくことでしょう。

他人のファインプレーを見た時、嫉妬の心が生まれ、なかなか拍手を贈ることが難しいときもあるでしょう。でも足を引っ張るのではなく手を差し伸べ合う、そのほうがきっと楽しいはずです。私も「樋口さん、頑張りなさい」と手を取ってくださる方がいなかったら、ここまで活動を続けてこられなかったでしょう。

私も微力ながら、他人のファインプレーにエールを贈り続けていきたいと思っています。

装丁／小口翔平＋畑中茜（tobufune）
イラスト／坂木浩子
編集／針谷順子（編集工房 球）
本文デザイン・DTP／ユニオンワークス

樋口恵子（ひぐち けいこ）
1932年生まれ、東京都出身。東京大学文学部卒業。時事通信社、学習研究社勤務などを経て、評論活動に入る。東京家政大学名誉教授。同大学女性未来研究所名誉所長。NPO法人高齢社会をよくする女性の会名誉理事長。内閣府男女共同参画局の「仕事と子育ての両立支援策に関する専門調査会」会長、厚生労働省社会保障審議会委員、地方分権推進委員会委員、消費者庁参与などを歴任。『大介護時代を生きる』（中央法規出版）、『どっこい生きてる90歳　老～い、どん!②』（婦人之友社）、『老いの福袋　あっぱれ! ころばぬ先の知恵88』（中央公論新社）など著書多数。

そうだ！ ヒグチさんに聞いてみよう
92歳に学ぶ老いを楽しく生きるコツ

2025年1月6日　第1刷発行

著　者　樋口恵子
発行人　関川 誠
発行所　株式会社宝島社
〒102-8388
東京都千代田区一番町25番地
電話：（編集）03-3239-0928
（営業）03-3234-4621
https://tkj.jp

印刷・製本　サンケイ総合印刷株式会社

ISBN 978-4-299-05619-1